Paula Lambert
Keine Angst, der will nur spielen

PIPER

W0193671

Zu diesem Buch

Die Welt hat sich verändert. Schlimmer noch: Die Männer haben sich verändert. So sehr, dass Frauen heutzutage keine Ahnung haben, mit wem sie es eigentlich zu tun bekommen. Die Folge: Schlecht funktionierende Partnerschaften voller enttäuschter Erwartungen und eine wachsende Zahl von weiblichen Singles, die alle das gleiche Problem haben: Wir finden einfach keinen Mann! Dabei gibt es genügend tolle Männer – wir Frauen verstehen sie nur nicht mehr.

Zum allerersten Mal überhaupt gibt es – dank dieses Buchs – einen Überblick über den Markt der modernen Männer. Ihre Stärken, ihre Schwächen, ihre Beziehungsfähigkeit. Paula Lambert erklärt, wie sie anhand seiner Familienge-schichte, seiner Penisgröße, seiner Lieblingssportart oder der Art, wie er seinen Wagen fernabschließt, erkennen kann, mit wem sie es zu tun hat – und ob ER wirklich zu ihr passt.

Paula Lambert, geboren 1974, hat mit ihrer Kolumne in der Zeitschrift GQ Monat für Monat Heerscharen von Lesern erregt. Sie lebt und arbeitet in Berlin.

Paula Lambert

KEINE ANGST, DER WILL NUR SPIELEN

Der Männer-Report

Piper München Zürich

Mehr über unsere Autoren und Bücher:
www.piper.de

Von Paula Lambert liegt bei Piper vor:
Eine Frau mit Penetrationshintergrund

Für Kai

MIX
Papier aus verantwor-
tungsvollen Quellen
FSC® C014496
www.fsc.org

Originalausgabe
April 2014
© Piper Verlag GmbH, München 2014
Umschlaggestaltung: Mediabureau Di Stefano, Berlin
Umschlagabbildung: Jamie Carroll/iStockphoto
Satz: Kösel, Krugzell
Gesetzt aus der Minion Pro
Papier: Munken Print von Arctic Paper Munkedals AB, Schweden
Druck und Bindung: GGP Media GmbH, Pößneck
Printed in Germany   ISBN 978-3-492-30020-9

INHALT

PROLOG

Sehen Sie diese Frau da drüben? Diese blonde, gut gebaute Person mit dem gewinnenden Lächeln? Sie kennen sie, ganz bestimmt. Ihr Name ist Anna. Das Verrückte daran ist, dass Anna nicht nur gut aussieht, sondern auch noch intelligent ist, gut ausgebildet und ziemlich unneurotisch (wenn man von ihrer Vorliebe für komplizierte Bestellungen in Restaurants mal absieht, angeblich hat sie eine Glutenunverträglichkeit). Anna ist lustig, warmherzig und für jeden Blödsinn zu haben. Anna hat eine Menge Eigenschaften, die beneidenswert sind. Trotzdem ist Anna seit fünf Jahren Single.

Wenn ich behaupte, dass Sie Anna kennen, dann vor allem deshalb, weil jeder in seinem Freundeskreis mindestens eine Frau hat, die ziemlich großartig ist – und trotzdem keinen Mann findet. Vielleicht sind ja sogar Sie selbst diese Frau.

Ich habe viele Jahre Frauen zum Thema Liebe befragt. Was wollt ihr von einer Partnerschaft? Was sind eure Wünsche? Warum fühlt ihr euch in Partnerschaften enttäuscht oder, schlimmer noch, getäuscht? Warum verharrt ihr manchmal in Beziehungen, in denen ihr hauptsächlich genervt seid, anstatt euer wahres Liebespotenzial mit jemandem auszuschöpfen, der wirklich zu euch passt?

Die Antworten waren fast immer die gleichen: Weil ich denjenigen oder diejenige einfach nicht finde. Weil ich Angst habe, dass ich dann allein dastehe.

Meine Antwort darauf war auch fast immer die gleiche: Kann gar nicht sein. Das müssen wir uns mal genauer angucken. Da muss irgendein Fehler im System stecken.

Ich habe diesen Fehler gefunden. Aber dazu später mehr.

Kehren wir zunächst einmal zu Anna zurück. Wir sitzen in einer Bar. Anna sieht mich aus ihren großen, blaugrünen Augen an und sagt den Satz, den ich so gerne am Anfang eines Gesprächs höre: »Du bist doch eine Frau.« Ich finde den Satz deshalb so großartig, weil er von »Hast du ein Tampon dabei« über »Kann ich mal deinen Lippenstift borgen« und »Warum kriegen wir die Umweltproblematik nicht in den Griff« bis »Erklär mir bitte noch mal ganz genau, warum er nicht zurückruft« so ziemlich alles abdeckt.

»Ich verstehe das nicht«, sagt Anna. »Wir haben uns super verstanden. Beim ersten Date waren wir im Kino und danach noch was essen. Beim zweiten Date in einer Ausstellung und tanzen. Bei der dritten Verabredung hat er mich dann nach meinen Zukunftsplänen gefragt. Natürlich habe ich ihm von meiner Beförderung erzählt. Danach war er wie ausgewechselt. Als wir uns verabschiedet haben, hat er mich nicht mal geküsst, sondern mir einen Knuff gegen den Oberarm gegeben. Was habe ich bloß falsch gemacht?«

Die Antwort ist natürlich einfach: Nichts. Im Grunde kann man beim Daten nichts falsch machen, solange man einfach man selbst bleibt. Nicht mal Psychopathen können beim Daten etwas falsch machen. (Es sei denn, sie tun so, als wären sie jemand anders, zum Beispiel jemand mit Seele und Tiefgang. Auf so jemanden reinzufallen kann einem schon mal passieren, aber es sollte auf keinen Fall die Regel sein, verstanden? Ich selbst bin einmal von so einem übertölpelt worden, und ich habe bis heute blutintensive Pläne mit ihm, sollte ich einmal in diesem Land eine kleine Privatdiktatur gründen!) Das Einzige nämlich, worauf man bei der Partnersuche achten muss, ist, sich jemanden auszusuchen, der vom Entwicklungsstand her ungefähr zu einem passt. Und das wiederum ist verflixt kompliziert.

Ich rede hier nicht von »Oh mein Gott, wir mögen BEIDE Simply Red, ist das nicht der Wahnsinn? Und wir waren beide schon in diesem entzückenden Lokal an der Amalfiküste. Das kann kein Zufall sein!«. Gemeinsamkeiten mit einem anderen Menschen zu finden ist so einfach wie Rotz von der Backe wischen. Man könnte mich zum Beispiel mit irgendeinem völlig absurden Menschen in einen Raum stellen, und ich könnte in null Komma nichts ungefähr zehn Dinge finden, die wir gemeinsam haben. Nehmen wir zum Beispiel George W. Bush. Wir mögen beide Alkohol, wir lieben Reisen in entfernte, sandige Länder – wobei ich noch nie im Irak war und auch nicht in Afghanistan, wohl aber in Dubai, Abu Dhabi, Marokko, Tunesien und in irgendeinem gottverlassenen Kaff mitten in der Sahara, wo es mitten in der Nacht anfing, wie aus Eimern zu gießen. (Mein Zelt war undicht.) Dann steht er total auf die USA, und ich ja irgendwie auch, vor allem auf die Landschaft. Wir haben beide nahe Verwandte mit dem Vornamen Barbara, können beide reiten und lesen beide gerne Bücher, in denen kleine Ziegen vorkommen. Er und ich mögen beide gutes Essen. Er tanzt gerne, ich auch. Uns stehen Cowboyhüte. Nicht zuletzt steht er total auf Sprachwitz (das macht er doch absichtlich, oder?) und ich auch! Zufall? Das will ich schwer hoffen. Ein kleiner Unterschied zwischen uns ist vielleicht, dass ich, als ich von 9/11 gehört habe, gleich aufgestanden und losgelaufen bin.

Was ich sagen will: Man kann sich mit jedem x-beliebigen Menschen irgendwie gemeinmachen. Und auch, wenn ich mich im täglichen Leben so weit wie möglich von Typen wie George W. distanziere, kann ich nachvollziehen, dass ein Mensch in Zeiten von Verzweiflung, Einsamkeit und/oder Verliebtheit nach möglichst vielen gemeinsamen Nennern sucht, um sich in der Partnerwahl möglichst offen und flexibel zu zeigen. Das klingt erst mal gut, ist es aber nicht. Eine weise Partnerwahl sollte nicht aus Sentimentalitäten heraus getroffen werden.

»Anna«, frage ich, »wie sieht dein Traummann aus?«

Sie überlegt kurz, dann hellt sich ihr Gesicht auf, und sie sagt selbstbewusst: »Das ist ganz einfach. Mein Traummann ist Indiana Jones.«

Hier haben wir das Problem in zwei Worten. Indiana. Jones. Indiana Jones ist der Urtypus des selbstbestimmten, von Testosteron, Abenteuerlust, Bildung, Stärke und

Cleverness durchtränkten Mannes. Er klingt zu gut, um wahr zu sein, und leider ist er das natürlich auch. Und das liegt nicht daran, dass der Typ ein fiktiver Charakter ist oder dass solche Männer, sollte es sie wirklich gegeben haben, seit mindestens achtzig Jahren komplett ausgestorben sind. Nein, das Problem liegt darin, dass Anna nicht genau hinschaut. Anna erhofft sich Indiana Jones, obwohl sie mit Florian Silbereisen ausgeht. Das kann nicht funktionieren.

Während man die Erwartungen einer Frau an einen Typen wie Indy durchaus nachvollziehen kann (ständig neue Storys, nicht immer die alte »Damals, als ich im Studentenwohnheim gelebt habe«-Leier, vermutlich großartiger Sex, ein von allen Frauen angehimmelter Mann, der mit den großen Geheimnissen der Welt per Du ist, prima Gene, zumindest von Vaters Seite, ziemlich gutes Hutgesicht), sieht die Realität leider vollkommen anders aus. Der Typ ist ständig weg, und wenn er mal wiederkommt, schmeißt er seine vor Dreck strotzenden Klamotten wahrscheinlich irgendwo in die Ecke. Zum Sex ist er entweder zu müde oder zu sehr verwundet, was bedeutet, dass man ihn erst mal wochenlang mit Suppen und heißen Bädern hochpäppeln muss. Er ist unzuverlässig und bewegt sich häufig jenseits der Grenzen der Legalität, was zur Folge haben kann, dass irgendwann, wahrscheinlich sogar häufiger, die Polizei auf der Matte steht. Schließlich sind Grabräuberei und die Entwendung von Nationalheiligtümern keine Kavaliersdelikte. Von den ständig zerschossenen Fenstern und der häufiger von irgendwelchen Gangstern durchwühlten Behausung abgesehen, wird

Indiana Jones nach etwa zwei Wochen an einem Fleck mürrisch und träge, vermutlich sogar ausgesprochen übellaunig, während man als Frau dann nur noch hofft, dass möglichst bald irgendwelche Heinis aufkreuzen, die behaupten, das wirklich echte Grabtuch Jesu gefunden – und leider wieder verloren zu haben. Überhaupt eignet der Kerl sich nicht für ausgiebige Streicheleinheiten, und das, wo doch das Einzige, was eine Frau manchmal am Abend braucht, eine ausgiebige Rückenmassage ist.

Frauen, die auf Indiana Jones stehen, haben also ein Problem. Na gut, ich bin ehrlich: die anderen auch.

Wir Frauen neigen dazu, Realitäten romantisch zu verklären. Was schade ist, weil Männer in dieser Hinsicht wie eBay-Artikel sind: Das Ding ist gekauft wie gesehen. Die wenigsten Männer machen einem was vor. Frauen haben nur verlernt, der Wahrheit ins Auge zu blicken. Kein Wunder. Die Wahrheit sieht nämlich manchmal aus wie Indiana Jones nach einer fünf Wochen währenden Thanksgiving-Party, allerdings ohne Schlaf, ohne Bewegung und vor allem ohne Dusche. Erwähnte ich schon, dass ich Indiana Jones wahnsinnig sexy finde?

In unserer Zeit wird die Suche nach einem Partner, wird das vollkommen Irrationale der Liebe gerne in praktische, saubere Rubriken verpackt. Jede Art von Attraktion wird in mundgerechte Typologien zerlegt, die leicht bekömmlich und noch leichter verdaulich sind. Es gibt Charts, Checklisten und Übereinstimmungsdiagramme. Wir lassen zu, dass Computer uns potenzielle Partner zuführen, die anhand von Algorithmen bestimmt werden. Es ist also nicht unwahrscheinlich, dass ich mit einem wie George W. zusammengeschmissen werde, schließlich mögen wir beide die Farbe Blau, und die Art, wie wir kleine Hunde malen, ist fast identisch!

Wenn Frauen also heute das Gefühl haben, dass es keine »Männer« mehr gibt und sie deshalb auch keinen Partner finden, dann liegt das daran, dass es tatsächlich keine Männer gibt, zumindest nicht, wie sie in der weiblichen Vorstellung existieren. Das muss nicht Indiana Jones sein. Es können, je nach Alter, auch Mick Jagger, Justin Bieber, Edward Cullen oder meinetwegen der Bäcker von nebenan sein. Die Wahrheit ist, dass der Mann heutzutage ein ganz anderer ist als noch vor zwanzig Jahren. Biologisch gesprochen: Bestimmte Arten sind längst ausgestorben. Andere haben sich durch Mutationen (bedingt durch Chemieunfälle, die Frauenbewegung etc.) zu ganz neuen Spezies weiterentwickelt und verbreitet. Um das zu verstehen, braucht man keine Charts und schon gar kein Computerprogramm, das einem sagt: »Herzlichen Glückwunsch, Sie und dieser teigig aussehende Steuerberater haben eine Übereinstimmung von neunundsiebzig Prozent! Mein Hard Drive hört schon das Getrappel kleiner Füßchen!« Zeiten ändern sich. Männer auch. Darum ist es wichtig, bei der Partnerwahl die Zeichen zu deuten und die neuen Kerle richtig zu interpretieren. Wie Sie das problemlos schaffen, erklärt Ihnen dieses Buch.

UNVERRÜCKBARE TATSACHEN

- Männer heben beim Furzen eine Arschbacke.
- Männer brauchen kein Navi. Sie wissen intuitiv, wo sie hinfahren müssen.
- Männer ahmen gerne und mit großem Stolz Dialekte nach, unabhängig von der Qualität ihrer Beiträge.
- Männer lesen auf dem Klo. Mindestens, bis sich ein roter Ring ins Sitzfleisch gepresst hat.
- Männer kratzen an den Hoden. Auch in der Öffentlichkeit.
- Männer finden Videospiele interessant und aufregend. Auch solche, in denen der Spieler eigentlich nichts macht, außer eine Figur auf dem Bildschirm hoch und wieder runter zu bewegen.
- Männer sehen gerne Pornos.
- Männer beladen Geschirrspülmaschinen so, als hätten sie Furcht, dass der Wasserstrahl nicht überall hinkommt. Für eine normale Beladungsmenge braucht ein durchschnittlicher Mann mindestens zwei Spülzyklen.
- Männer tun in Anwesenheit von Frauen, als könnten sie keine Wäsche zusammenlegen.
- Männer halten Fast Food für eine legitime Art der Ernährung.
- Männer lieben ihre Autos. Stellen Sie einen Mann niemals vor die Wahl. Sie werden verlieren.
- Männer ziehen ihre Socken aus, riechen an ihnen und sagen dann: »Die gehen noch.«

- Männer sehen Fußball mit den Jungs. Selbst
  wenn Sie faktisch besser Bescheid wissen: Halten
  Sie die Klappe. Noch besser: Bleiben Sie der
  Veranstaltung fern.

Merke: Männer gehen vielleicht auf Ihre Wünsche ein, aber sie werden sich nicht grundlegend ändern. Akzeptieren Sie den Mann in all seiner Männlichkeit, dann machen Sie sich das Leben leichter.

ETWAS GENERELLES ZUM UMGANG MIT DEM MODERNEN MANN

Die Menschheit ist vor allem in den vergangenen hundert Jahren massiven Verwerfungen ausgesetzt gewesen. Wir befinden uns in einer Phase, in der Arbeitskräfte nicht mehr nur durch Maschinen ersetzt, sondern durch ganze Industriezweige wegrationalisiert werden. Sich das vor Augen zu halten ist ganz einfach: Wer vor fünfzehn Jahren in eine Sparkassenfiliale ging, konnte mit einem echten Menschen sprechen, der einem dann Auge in Auge die Verdoppelung des Dispokredits gewährte oder einem wenigstens ein Taschentuch reichte. Heute stehen in jeder zweiten Filiale nur noch Automaten, und wer irgendetwas will, muss sich durch einen Wust an Hotlines kämpfen, um dann Tage später eine computergenerierte Absage an den Dispowunsch zu erhalten.

Vor gut zwanzig Jahren jobbte ich in einem Supermarkt, um einen Auslandsaufenthalt zu finanzieren. Ich war dafür verantwortlich, mittwochs und freitags vor der Schule die Joghurt- und Käseregale aufzufüllen. Dienstag- und donnerstagnachmittags waren die Tiefkühltruhen dran, außerdem musste ich mich um die Pfandflaschenannahme kümmern. Die Tage vergingen immer nach dem gleichen Schema. Zuerst, so gegen 14.30 Uhr, kamen die älteren Damen und brachten ihre Pfandflaschen. Meist trugen sie einen dieser kleinen Nylonbeutel mit sich, den sie anschließend sorgfältig wieder zusammenfalteten. Nie brachten sie mehr als drei oder vier Flaschen, denn der Gang zum Supermarkt gehörte für sie zur sozialen Routine. Sie fragten mich, wie es mir gehe und ob ich ein paar Sonderangebote empfehlen könne. Außerdem warnten sie mich, zu viele Wasserkästen auf einmal zu schleppen, weil das schlecht für die Leistengegend sei. Gegen 16.30 Uhr kamen die Mütter, sie brachten mir Wasserkästen und Saftkisten, tippelten, während ich Flasche für Flasche per Hand in die kleine Kasse eintippte, ungeduldig auf den Griff des Einkaufswagens und seufzten. Kurz vor Ladenschluss, also um 18 Uhr, kamen die Studenten. Sie brachten ihre Flaschen nur sporadisch zum Supermarkt, was bedeutete, dass meist der ganze Wagen vollgemüllt war mit staubigen, ollen Pullen, die nur weggebracht wurden, weil die Einkaufskasse mal wieder leer war. Sie fragten, ob es Bier im Angebot gebe, und machten Witze über meinen beschissenen Job, obwohl der so schlecht gar nicht war: Immerhin bekam ich 13,50 Mark in der Stunde. Am Ende der zwei Jahre hatte ich genug beisammen, um mir fast ein Jahr in den USA zu finanzieren.

Was aber viel wichtiger ist: Durch die Arbeit hatte ich massenweise Sozialkontakte. Ich meine, nicht gerade die hochqualitative Topunterhaltung, die man sich so wünscht, sondern eher in die Richtung: »Tut mir leid, diese Flasche kann ich nicht annehmen, die führen wir gar nicht.« – »Doch, die habe ich hier gekauft.« – »So leid es mir tut, aber das kann nicht sein, das ist eine Flasche aus Frankreich.« – »Dämliche Kuh!« Und ich *wusste* Dinge. Ich kannte die Gewohnheiten der Menschen in meinem Kiez, ich wusste, wer mit wem zusammen war und wann nicht mehr. Ich kannte die finanziellen Möglichkeiten der Leute, wusste, wer ein notorischer Geizkragen war und wer ein Dieb. Ich konnte die Menschen einschätzen. Soziale Kontakte, so zart sie sein mögen, sind nicht nur für die Seelenpflege gut. Sondern auch ein ausgezeichnetes Trainingsfeld.

Soziale Interaktion stärkt die Seele und ist neben ausreichender Nahrung das wesentlichste Bedürfnis des menschlichen Wesens. Männer sind schwächere Kommunikatoren als Frauen, und die Erklärungen, warum das so ist, reichen von der frühen Menschheitsgeschichte (bei der Jagd war es besser, die Klappe zu halten) bis in die Tiefen der Neurobiologie (das männliche Gehirn entwickelt sich einfach anders). Beim modernen Mann kommen noch erschwerende Umstände hinzu, zum Beispiel die Affinität zu Computerspielen. Junge Frauen bekommen es heute mit Männern zu tun, die Jahre damit zugebracht haben, sich mit ihren Freunden über Headsets hinweg zu unterhalten, während sie für die meisten Frauen unverständliche Missionen auf dem Bildschirm erledigten. Dass es mit derart sozial verkümmerten Menschen schwierig ist, auf einer Party/im Supermarkt/im

Sportklub eine Unterhaltung zu beginnen, liegt auf der Hand. Hilfreich ist es natürlich, Brücken zu bauen, zum Beispiel, am Anfang einer Unterhaltung einfach nur leise zu grunzen (ein Geräusch, das dem ausdauernden Counter-Strike-Spieler aus seiner Jugend bestens vertraut ist) oder Allgemeinplätze über Spielekonsolen zu äußern. Wichtig in der Mann-Frau-Interaktion ist immer, dass der Mann das Gefühl bekommt, die Frau stelle unter keinen Umständen eine Gefahr für ihn dar. Das gilt übrigens für alle Altersklassen und hat sich seit den letzten 1200 Jahren kein bisschen verändert.

Ich finde, wenn man Dinge erst mal als gegeben anerkennt, lässt sich mit ihnen viel leichter umgehen. Das ist so ähnlich wie bei der Stringtheorie. Ich war einmal auf einer Konferenz zu diesem Thema. Es ging um Quantenchromodynamik, Supergravitation und Plancklänge. Stephen Hawking war auch da und ließ verkünden, dass sich die Stringtheoretiker um nicht weniger bemühten als um die Antwort auf die Große Frage. Die Große Antwort erklärt auf sehr theoretische Weise das ganze Warum, Wieso und Weshalb. Weil die Antwort aber noch ein paar Jahrzehnte auf sich warten lässt, behelfen wir uns mit einer anderen Antwort, die schon vor Jahren von dem großen Daseinsphilosophen Douglas Adams auf die Große Frage gegeben wurde: 42. »42« erklärt natürlich nicht, warum es zwischen Männern und Frauen so verteufelt schwierig ist. Ich halte sie aber für einen akzeptablen Zwischenschritt.

Aus physikalischer Sicht ist das Spiel zwischen Männern und Frauen eine sehr wackelige Verbindung, die meist damit endet, dass der weibliche Teil im Verlauf des Bindungsversuchs so lange Energie verliert, bis sich das nunmehr geschwächte Atom ein paar minderwertigeren Elektronen zuwendet, um einfach ein bisschen zur Ruhe zu kommen. Und da wundert sich noch einer, dass es so viele Kurzschlüsse gibt.

Tatsächlich ist es aber in den letzten dreißig, vierzig Jahren zu einer, sagen wir, kniffligen Verschiebung zwischen den Geschlechtern gekommen. Während die Frauen sich seitdem völlig zu Recht vom männlichen Diktat befreien, sitzen die Männer erschrocken in der Ecke und sehen mit weit aufgerissenen Augen zu, wie die Frauen sich emanzipieren und mehr und mehr von den Männern fordern, natürlich auch in Sachen Sex und Beziehung. Die meisten Männer passen sich der Entwicklung sogar gut an. Sie haben verstanden, dass es richtig ist, einer Frau nach Oralsex den Gefallen zu erwidern, sie bemühen sich zu verstehen, dass auch Frauen einen Orgasmus haben möchten und dass einem Mann vom Abwaschen nicht die Hände abfaulen. Aber genau in dieser Anpassung liegt das Problem. Wer sich anpasst, reagiert auf einen Zustand und versucht, sich so weit in eine Begebenheit einzufügen, bis er nicht mehr aus der Masse herausragt. Unauffällig ist.

Und jetzt heben bitte alle Frauen die Hand, die schon mal mit einem Mann zu tun hatten, der gar kein Mann mehr ist, sondern versucht, eine bessere Frau zu sein. Ich weiß nicht, ob Ihnen sofort klar ist, welche Typen ich meine. Ich meine die Männer, die sich öfter eincremen als ihre Frauen. Die Skinny Jeans über ihren dünnen Beinen tragen. Die nicht beim Umzug helfen können, weil sie Angst um ihre Frisur haben. Die beim Anblick von Werkzeug keine Lust kriegen, ein paar Löcher mit der Hilti in die Wand zu bohren, sondern Sorge haben, dass der Hammer Kratzer in die Oberfläche ihrer Eames-Stühle machen könnte. Hände oben? Na bitte. Übrigens, nichts gegen Charles Eames.

Der Feminismus verhält sich zur Entwicklung der Männlichkeit wie der Klimawandel zur Erde. Es geht zu schnell, die Folgen sind unabsehbar, und um das Schlimmste abzuwenden, müsste man voll auf die Bremse treten. Und selbst dann wäre nicht sicher, dass wir das Ruder noch rumreißen können. Was den Männern fehlt, ist eine klare, moderne Interpretation ihrer Geschlechterrolle. Und damit meine ich nicht, dass sie sich darüber den Kopf zerbrechen sollen, ob sie Wäsche aufhängen oder freiwillig den Kühlschrank bestücken oder sich ein paar Monate oder Jahre Zeit nehmen sollten für die Kindererziehung. Das gehört für mich zu den Selbstverständlichkeiten des Lebens, und wer sich da weigert, mitzumachen, ist ein rückständiger Vollidiot, der nichts an der Seite einer solch fabelhaften Frau wie Ihnen verloren hat. Was ist das für ein Mensch, der sich selbst das Glück verweigert, Zeit mit seinem eigenen Kind zu verbringen? Denken Sie mal genauer drüber nach. Die Antwort wird Ihnen nicht gefallen.

Was ich meine, ist elementarer. Es geht um die Grunddefinition des Mannseins. Mannsein lernen Männer am besten durch die Interaktion mit anderen Männern. Zum Beispiel ist es für Männer überlebenswichtig zu begreifen, was sie tun müssen, damit ihnen ein anderer Mann nicht die Kehle durchbeißt, und zwar beruflich wie privat. Wie man sich ehrenwert verhält. Wie man etwas aufbaut, das auch Bestand hat, ungefähr so wie in der Geschichte mit den drei kleinen Schweinchen. Nur wie ein Mann ein guter Liebhaber wird, das lernt er von Frauen. Und zwar von richtigen Frauen. Nicht von jungen Mädchen mit Bikinifotos auf Facebook, liebe Sugar-Daddys.

Ich bin mir nicht sicher, was die Männer in den letzten Jahrzehnten so gedacht haben. Entweder nichts. Oder etwas in der Art: »Ach, die Weiber. Machen wieder Ärger. Na, wir lassen die jetzt mal machen, und dann machen wir genauso weiter wie bisher.« Möglich wär's. Leider geht der Plan nicht auf. Denn veränderte (und ja, verbesserte) Frauen brauchen veränderte Männer. Leider gab es als Pendant zur Frauenbewegung bis zum heutigen Tage keine vernünftige Männerbewegung, die sich mit einem neuen Rollenbild auseinandergesetzt hätte. Das Einzige, was an Männerbewegung passiert ist, ist die alberne Bruderschaft der Pick-up-Artists. Pick-up-Artists sind frauenfeindliche Aufreißer, die unter anderem mit Taschenspielertricks aus der Neurolinguistischen Programmierung arbeiten. Ziel des Aufreißkünstlers ist tatsächlich nur: aufzureißen. Es gibt ein internes Punktesystem, je nachdem, ob der Künstler nur eine Telefonnummer ergattert hat oder gleich richtig randurfte. Pick-up-Artistentum ist das Counter-Strike-Spiel für Große. Das Ganze ist jämmerlich und ein bisschen peinlich. Ein Mann, der nur durch Manipulation interessant wird, ist nämlich kein Mann, sondern ein Jammerlappen. Am Ende ist es doch nur ein einsames, eintöniges Geschäft.

Aber sei's drum. Es ist, wie es ist. Bis sich die Männer aufraffen, bleibt uns nur, mit dem umzugehen, was wir so haben. Und das sind die ulkigen Mutationen, die draußen rumlaufen. Aber keine Sorge: Auch mit denen kann man glücklich werden, wenn man ein paar Dinge beachtet.

Es gibt ein paar Konstanten in meinem Leben. Eine davon ist, dass ich manchmal Dinge sage, die, na ja, etwas aus dem Zusammenhang zitiert werden. Ich bin auf dem Weg von Hamburg nach Berlin, als ich in der »Bild«-Zeitung das Bekenntnis lese: »Ich bin Sylvies Nackedei!« Das sind Zeilen, wie man sie gerne liest, zumal Nackedei ein Wort ist, das in den Medien völlig unterrepräsentiert ist, genau wie Heulsuse. Ich persönlich benutze das Wort Heulsuse unheimlich gerne, weil es genau das richtige Maß an Beleidigung und liebevoller Betrachtung enthält. Doch zurück zum Nackedei. Da war nämlich nicht nur ein Foto von ebenjenem Nackedei zu sehen, sondern darunter stand auch ein Zitat von mir: »Er hat einen Körper wie ein griechischer Gott und einen sehr schönen Penis.« Wenn mich jemand gefragt hätte, mit welchem Zitat ich gerne in die Ewigkeit eingehen möchte, hätte ich wahrscheinlich irgendwas gesagt wie: »Lassen Sie mich kurz zusammenfassen, wie sich Stephen Hawkings Auffassung der Stringtheorie auf unser aller Beziehungsleben auswirkt.« Vielleicht hätte ich anschließend sogar Großmutters Apfelstrudelrezept rausgerückt. Der Trick liegt in der Butter. Viel Butter.

»Er hat einen Körper wie ein griechischer Gott und einen sehr schönen Penis«, rezitiert meine Freundin Mimi neben mir und gluckst. »Was ist los mit dir, hat dein Hirn einen Eisprung?« Mimi ist so etwas wie eine sehr freundliche, große Zyste. Ich werde sie einfach nicht los.

»Sie haben mich darum gebeten, die Qualitäten dieses Mannes in einem Satz zu formulieren. Was hätte ich sagen sollen – dass ich weiß, dass er ständig in die Marsbar geht und den ganzen Tag Bananen isst? So was sind Insiderinformationen, die kann ich nicht einfach so preisgeben!«

Woher ich den Mann aus der »Bild«-Zeitung kenne? Nun, er stand eines Tages einfach nackt vor mir. Das passiert mir häufiger in letzter Zeit. An jenem Tag steckte allerdings ein Deal dahinter: Er bekam Geld dafür, sich für die Kampagne für meine Fernsehsendung »Paula kommt!« auszuziehen. Das mit dem Penis weiß ich, weil er direkt vor meiner Nase damit herumgewedelt hat. Und der Körper – na ja, immerhin verdient der Typ sein Geld damit.

Ich bin also auf dem Weg nach Berlin, nachdem wir ein Wochenende bei Freunden verbracht haben, übrigens jenen Freunden, von denen die Topinformation mit der Banane stammt. Ich versuche mich zu erinnern, ob der Kerl nach Banane geduftet hat, aber mir kommt nur der vage Geruch von Duschgel in den Sinn. Neben mir sitzt

Mimi, die jetzt anfängt, mit unheimlich nervender Langsamkeit den Artikel aus der Zeitung zu reißen. »Den hebe ich auf«, sagt sie, »damit kann ich dich in zehn Jahren erpressen.« Sie ist eine wirklich gute Freundin, die beste, und wenn sie nicht so groß und schwer wäre, würde ich sie jetzt aus der Autotür auf die Fahrbahn schubsen. »Nichts ist so alt wie die Zeitung von gestern«, sage ich weise und trete ein bisschen aufs Gas. Hat keinen Sinn, sich mit Mimi zu streiten. Sie besitzt seit Jugendtagen ein Sammelalbum, in das sie Peinlichkeiten einsortiert. Wenn ich sie frage, warum, sagt sie: »Für alle Fälle« oder »Man weiß nie«. Sie hat eine unheimlich miese Art, einen nervös zu machen.

Als wir von der Autobahn abfahren, mache ich Anstalten, Mimi zu Hause abzusetzen. »Du kannst mich nicht einfach absetzen«, sagt sie, »ich will mit!«

»Du kannst nicht mit«, sage ich, »was soll die arme Frau denn denken, wenn ich mit meiner besten Freundin da ankomme. Sie will eine Beratung von mir, keinen Kaffeeklatsch.«

»Aber ich bin super im Meinunghaben«, sagt Mimi, »wenn ihr das zu viel ist, dann warte ich auch im Auto. Komm schon.« Manchmal kommt mir Mimi vor wie ein Dobermannwelpe. Man weiß, dass eines Tages etwas wirklich Ungemütliches daraus wird, aber noch ist sie so putzig, dass ich den ganzen Tag Stöckchen werfen könnte. »Na gut«, sage ich, »aber du sagst nur etwas, wenn du gefragt wirst.«

Wir stehen vor einem vierstöckigen Altbau. Der Türdrücker summt fast im gleichen Moment, in dem ich auf die Klingel drücke. Offenbar hat sie gewartet. Manchmal komme ich mir vor wie ein Mitglied der Ghostbusters. »Werden Sie durch merkwürdige Geräusche mitten in der Nacht beunruhigt? Erleben Sie zuweilen Angstgefühle in Ihrem Keller oder Dachboden? Haben Sie oder Ihre Familienangehörigen jemals einen Spuk, ein Phantom oder ein Gespenst gesehen? Wenn die Antwort Ja ist, warten Sie keine Minute, rufen Sie die Profis! Unser höflich-tüchtiges Personal ist vierundzwanzig Stunden in Bereitschaft, um Ihnen zu dienen bei all Ihren übernatürlichen Beseitigungsbedürfnissen. Die Geisterjäger! Wir sind immer bereit, Ihren Worten Glauben zu schenken.« Genau der Spot, den sie im Film zeigen, passt auch auf meinen Job. Ich weiß nie, was die Frauen gerade für ein Problem haben. Ist es ein Schleimer? Eine garstige Kartoffel? Zuul selbst?

Im zweiten Stock ist die Tür leicht geöffnet. Im Türspalt steht eine Frau. Sie ist schmal und vielleicht Anfang dreißig. Die Haare hat sie zu einem runden Ding hochgeknödelt. Sie trägt ein Hemdchen und Leggings. Im Flur hinter der Frau hängt ein Bild, das einem Werk von Banksy nachempfunden ist. Auf dem Boden stapeln sich bunte Turnschuhe, und ganz hinten, wo das Wohnzimmer beginnt, liegen auf dem Sofa ein paar Hemden im Holzfällerlook. Ich glaube sogar eine Pinnwand zu erkennen, auf der ein Zettel mit der Aufschrift »Aktuelle Projekte« hängt.

»Hallo«, sage ich zu der Frau, »tut mir leid, dass ich zu spät bin. Das hier ist übrigens meine Assistentin …«

Weiter komme ich nicht, denn in diesem Moment

stößt Mimi die Tür weit auf, schiebt die Frau zur Seite und sagt: »Allmächtiger. Wenn es das ist, was ich glaube, dann weiß ich nicht, ob wir Ihnen helfen können.« Fehlt nur noch, dass sie ein Kreuz schlägt.

DER EIGENTLICH-MANN

Um nachvollziehen zu können, warum mich der Anblick des Flures, in den ich jetzt blicken kann, so erschüttert, muss ich ein wenig ausholen. 1993 lebte ich für ein Jahr in Los Angeles. Ich hatte das Gefühl, ich müsste irgendetwas Kreatives mit meinem Leben machen, und dachte, dass Hollywoodstar zu werden eine Menge Probleme für mich lösen würde. Als ich in L. A. ankam, schien die Sonne, und mein Kumpel hatte nicht, wie angekündigt, eine Wohnung organisiert, sondern ein mittelbreites Bett in einem Wohnzimmer, in dem schon ein schwedischer Sänger wohnte. In den beiden separaten Zimmern lebten ein französischer Gitarrist und ein Bassist aus dem Schwarzwald. Vier einander weitgehend unbekannte Personen in einer engen Dreizimmerwohnung in einem fremden Land, ohne Geld und ohne Plan – wenn mir jemand was von Sozialdruck erzählen will, weiß ich, wovon er redet.

Das Bett war natürlich zu klein für zwei, das Wohnzimmer war zu klein für drei, und die ganze Wohnung war zu klein für vier. Mir blieb nichts anderes übrig, als nach aushäusigen Möglichkeiten zu suchen, und so lernte ich die Eigentlich-Männer kennen.

Los Angeles war damals für Eigentlich-Männer das Gleiche, was die Galapagosinseln für Galapagosreisratten sind. Es gab sie nur hier, und es gab sehr, sehr viele davon. Der erste Eigentlich-Mann, den ich kennenlernte, war ein Hüne von indianischer Abstammung, der die Tore des Musicians Institute bewachte, an dem meine Mitbewohner und ich unserer Tage verbrachten. Er sah aus wie der schöne Indianer in »Der mit dem Wolf tanzt«, und wie sich herausstellte, hätte er seine ganze Haarpracht gegeben, um wenigstens Statist in irgendeinem Film zu sein. Tally, so hieß er, war nämlich nicht Türsteher, sondern eigentlich Schauspieler. Tally wurde nicht müde zu betonen, dass er jetzt eigentlich auf irgendeinem Studiogelände sein könnte, es aber aus unerfindlichen Gründen heute leider nicht geklappt habe. Überhaupt guckte er die ganze Zeit so unbeteiligt, als hätte ihn der tatsächliche Türsteher nur ersatzweise vor der Musikschule abgestellt und käme jeden Moment wieder, um Tally endlich abzulösen.

In Los Angeles gibt es auch heute noch zwei Witze, die man in Restaurants immer wieder hört. Der eine geht so:

»Tut mir leid, Sir, dass ich Ihnen den Rotwein über die Hose gekippt habe. Und dass das Essen so spät kam. Sie müssen wissen, eigentlich bin ich Schauspieler.«

»Ah ja?«, fragt der Gast. »Warum spielen Sie dann nicht einfach einen Kellner?«

Und der andere Witz:

»Ich bin Schauspieler.«

»Ist ja toll. Welches Restaurant?«

Eine Zeit lang lebte ich bei Hugh, der gleich um die

Ecke in der Franklin Avenue wohnte. Hugh arbeitete als Klempner und Gelegenheitshandmodel, aber *eigentlich* war Hugh Regisseur. Je länger unsere Affäre andauerte, desto ungeduldiger wurde ich mit ihm. Wenn er so unbedingt Regisseur werden wollte, warum drehte er dann nicht etwas? Einfach nur ein kleines Filmchen in der Garage oder in irgendeinem Park aufgenommen, einfach nur, um die Sinne zu schärfen, einen Stil zu entwickeln? »Heute geht es nicht«, sagte Hugh, »da war dieser Riesenrohrbruch drüben im Valley, da müssen wir alle hin. Morgen geht es auch nicht, da ist dieses Konzert in Studio City.« Wäre der Sex nicht so gut gewesen, ich wäre nach drei Tagen gegangen. Wenn wir aber im Bett lagen, dann war es, als wollte Hugh sich für seine Unzulänglichkeiten als Regisseur entschuldigen. Dabei hatte er mir gegenüber nichts gutzumachen, aber er agierte beim Vögeln mit einer liebevollen Zuversicht, die ihm im Job völlig fehlte und mir den Atem raubte. Sein Penis sah übrigens aus wie er, größer als der Durchschnitt, muskulös und irgendwie immer ein bisschen wütend.

Mit ihm auszugehen war allerdings fast unmöglich. Kaum standen wir mit mehreren Menschen zusammen, fing er an, seinen inneren Stanley Kubrick zu aktivieren. Hampelnd und fuchtelnd malte er zukünftige Blockbuster in die Luft, wütete gegen solche, die tatsächlich als Regisseur arbeiteten (zum Beispiel der arme Marc, auch wenn er nur einen klitzekleinen Film über das Paarungsverhalten der Murmeltiere gemacht hatte), und lästerte über die planlose Erfolglosigkeit der Kellner, die uns bedienten. Und all das nur, um dann auf dem Weg nach

Hause in Trübseligkeit zu verfallen. Kurz: Es war einfach nicht zum Aushalten.

L. A. ist eine harte Stadt für Träumer. Es ist schwer, in eine Kneipe zu gehen und nicht von jemandem bedient zu werden, der nicht mindestens Schauspieler, Regisseur oder Drehbuchautor wäre. Ich habe nie einen deprimierenderen Kampf um berufliche Aufmerksamkeit erlebt als hier. Damals dachte ich, das Ganze sei so eine Art Epidemie. Ein lokal grassierender Virus, mit kleineren Entzündungsherden drüben in New York. Es war auf ulkige Art schrecklich traurig.

Berlin, knapp zwei Jahrzehnte später

Ich habe nie eine Zombieapokalypse überlebt, aber ich weiß ungefähr, wie sich das anfühlen muss. Du wäschst dir das letzte Blut ab, verbrennst die zerfetzten Hemden (und die Berge von Zombieleichen, nehme ich an) und räumst auf. Die Sonne scheint, die Vögel zwitschern, und so langsam trauen sich auch die Rehe wieder aus dem Wald und schnüffeln mit den Wildschweinen an den umgekippten Mülltonnen am Stadtrand. Pfeifend und hüpfend läufst du die Straße entlang, denkst dir, wie schön das Leben doch ist! Bis du plötzlich im Nacken dieses Kribbeln spürst. Plötzlich kriecht dir eine namenlose Angst aus dem Hemdkragen, wie es normalerweise nur in solchen Momenten passiert, in denen du ungewaschen und in deinen schlimmsten Jogginghosen aus dem Haus gehst und ausgerechnet in diesem Moment deinen heiß geliebten Exfreund wiedertriffst. Natürlich in Begleitung seiner supercoolen, superschlanken neuen Freundin.

Aber das hier ist ein bisschen anders. Hier liegt keine Scham in der Luft, sondern eiskalte Singleangst. Du drehst dich um, beiläufig, als würdest du nur mal eben nach einem Straßenschild suchen. Und dann siehst du ihn. Er lehnt an der Hauswand schräg hinter dir, und du weißt nicht, wie du überhaupt an ihm vorbeigehen konntest, ohne ihn wahrzunehmen. Er ist ungefähr in deinem Alter, sieht aber jünger aus. Könnte an den Turnschuhen liegen und an dem Holzfällerhemd. Er sagt nichts, aber du weißt, dass er nur der Vorbote ist. Wo einer ist, kommen andere nach. Der Eigentlich-Mann hatte es bis nach Berlin geschafft.

Das wahnsinnig Ätzende am Eigentlich-Mann ist, dass er ganz süß ist, aber eine Frau bis zur Bewegungslosigkeit lähmen kann. In ihm schwelt das Feuer der Unzufriedenheit, und wenn er dich einmal anhustet, dann bist du verloren. Unzufriedenheit kann dich in deine Einzelteile zerlegen, wenn du nicht höllisch aufpasst.

Ein Mensch, der sich für nichts entscheiden kann, hat keine Haltung und keine Entschlussfähigkeit. Entscheidungsfähigkeit sollte man in der Kindheit lernen, und wenn man das verpasst hat, hat man als erwachsener Mensch die Pflicht, es nachzuholen. Ohne Haltung lebt es sich schlecht, es sei denn, man hat vor, in die Politik zu gehen.

In meiner Welt ist man erst alt, wenn man aufhört zu hoffen. In diesem Sinne bin ich ziemlich knackig. Ich machte nämlich einen Bogen zurück und lachte mir einen neuen Eigentlich-Mann an, diesmal die Berliner Version. Das ist ja das Schöne an uns Frauen. Männer verschiedenen Alters und aller Couleur benehmen sich blöd, und trotzdem sagt man beim siebenundzwanzigsten Typ immer noch: »Also, bei dem ist es garantiert anders.« Mein Berliner Eigentlich-Mann hatte den typischen Berlin-Mitte-Beruf »Irgendwas mit Medien«. Was das war, konnte er selbst nicht so genau erklären. Aber wie ich heraushören konnte, war er auf dem Sprung, der neue John de Mol zu werden und eine Show zu entwickeln, die alle Erfolge von »Traumhochzeit« bis »Deutschland sucht den Superstar« mit einem eiskalten Lächeln toppen würde. Und bis es so weit war, bewohnte er in Teilzeit ein kleines Büro, in dem er auf seine Zukunft wartete. Um das Warten zu finanzieren, jobbte er als DJ und Gelegenheitstontechniker.

Wirklich, die Leute können mit ihrer Zeit machen, was sie wollen. Nur gelegentlich gebe ich zu bedenken, dass es aller Wahrscheinlichkeit nach nur ein Leben zu leben gibt und man sich darum schleunigst auf die Socken machen sollte. Aber wenn man sich dazu entschließt, die Zeit zu vertändeln (und jeder Erwachsene weiß, dass die Jahre ab ungefähr dreißig nur so dahinzischen), soll man es tun, ohne sich fortwährend darüber zu beklagen.

Ich mochte Thomas sehr. Er war über das gewöhnliche Maß hinaus lustig, war auf eine unaufdringliche Art intelligent und durchaus gesellschaftsfähig, zumindest, wenn man Hughs Partyausbrüche zum Maßstab nimmt. Aber er seufzte. Ständig. »Ich bin jetzt schon fünfunddreißig«, jammerte er beispielsweise. »Und bis jetzt habe ich noch nichts Richtiges hinbekommen. Ich bin ein Versager.« Ich versicherte ihm, dass er kein Versager sei, höchstens ein wenig orientierungslos. Dann sagte ich: »Weißt du, ich glaube, im Leben eröffnen sich immer die Möglichkeiten, die man sich wahrhaft ersehnt und an denen man arbeitet. Vielleicht müsstest du, um eine sensationelle Show zu entwickeln, einfach mal bei einer großen, wirklich erfolgreichen Produktionsfirma arbeiten? Oder, falls sie dir keinen Job geben, ein Praktikum machen.« Er sah mich mit seinen großen braunen Augen an, als hätte ich ihm gerade vorgeschlagen, in Nordkorea einen Workshop zum Thema Gefangenenresozialisation zu geben. »Ein Praktikum?«, krächzte er. »Ein Praktikum? Ich habe ein abgeschlossenes Hochschulstudium!«

Da hatten wir das Problem. Analytiker nennen das ein überhöhtes Ichideal. Im Grunde glauben solche Menschen, sie sollten eigentlich Könige sein, und versuchen lieber nichts, um sich nicht selbst die Vision zu versauen. Das zu wissen bringt einem im täglichen Leben natürlich auch nichts. Man muss damit klarkommen oder eben nicht.

Meine Freundin Simone rief mich eines Tages an. Sie mache sich Sorgen, sagte sie am Telefon. »Kaspar hängt jetzt immer auf Partys herum. Oder Ausstellungseröffnungen. Sein ganzer Freundeskreis besteht inzwischen aus Künstlern und zukünftigen Start-up-Millionären, die sagen, dass sie eigentlich schon gar nicht mehr arbeiten müssten, wenn das letzte Projekt geklappt hätte.« Da ist es wieder. Wann immer das Wort »eigentlich« auftaucht, sollte man aufmerksam werden. Es bedeutet nämlich fast immer, dass gerade eine Chance vertan wird – ganz egal, ob aus Angst zu scheitern oder aus Furcht vor den eigenen Möglichkeiten.

Auf der Plusseite kann man allerdings einräumen: Wer sich im Leben blockiert, öffnet häufig andere Kanäle. Das ist auch bei den meisten Eigentlich-Männern so. »Wie ist denn der Sex?«, fragte ich Simone. »Der absolute Wahnsinn«, sagte sie, »er ist einfühlsam, einfallsreich und sehr, na ja, männlich.« Ich nehme an, dass es beim Trieb der Eigentlich-Männer ist wie bei Vulkanen. Wenn der große Krater verstopft ist, kommt die Energie auf anderen Wegen raus. Sex mit Eigentlich-Männern ist das große Eigentlich an der ganzen Beziehung: Eigentlich sollte eine vernünftige Frau sie rausschmeißen, damit sie ein bisschen nachreifen können. Aber der Sex ist viel zu gut. Wäre doch schade drum.

Was Sie aus diesem Kapitel gelernt haben sollten
Der Eigentlich-Mann wird neben Ihnen immer unzufrieden sein. Es sei denn, Sie sind eine Eigentlich-Frau. Sich gegenseitig im Nichtversuchen zu unterstützen kann allerdings ab einem gewissen Alter tragisch werden. Was der Eigentlich-Mann braucht, ist eine starke Frau, die ihm liebevoll, aber nachdrücklich den Weg weist. In geschützten Räumen kann er sich zu voller Pracht entfalten. Und dann ist er auf jeden Fall einer für die Ewigkeit. Sollten Sie diese Ausdauer nicht mitbringen: Finger weg! Beziehungen funk-

tionieren nicht, wenn man ständig darüber nachdenkt, was der andere eigentlich gerade machen will. Leider neigt der Eigentlich-Mann zur Jammerei.

Wie daraus doch noch eine gesunde Beziehung wird
Ein überhöhtes Ichideal ist eine Nummer, die man Profis überlassen sollte. Zu einem Analytiker zu gehen ist keine Schande. Fragen Sie sich gleichzeitig, was Sie an Männern anzieht, die sich selbst so gering schätzen. So oder so, es ist ein langer Weg.

Ein kurzer Ausflug ins Pornogewerbe

Ein paar Wochen bevor wir der Frau mit dem Eigentlich-Mann ordentlich eingeheizt haben (was heißt, dass Mimi die ganze Zeit gerufen hat: »Jetzt schmeiß den Typen endlich raus, du verdienst so viel Besseres«, während ich um Mäßigung bemüht war), bin ich tatsächlich wieder in Los Angeles. Es ist das erste Mal seit zwanzig Jahren, und die Luft schlägt einem immer noch genauso auf die Magengrube wie damals. Es ist dunkel, es ist schwül, und es ist wahnsinnig spät. Am nächsten Morgen um sechs Uhr klingelt schon wieder der Wecker. Ich soll für Pro Sieben eine amerikanische Pornoproduktion besuchen und herausfinden, ob Profis besseren Sex haben. Noch bevor ich überhaupt ins Auto steige, steigen Zweifel in mir hoch. Eigentlich finde ich, dass Intimität das wirklich Spannende am Vögeln ist, und ich nehme mal an, dass eine übliche Begrüßung am Pornoset so abläuft:

»Hi, ich bin Courtney, ich performe heute mit dir.«

»Cool, ich bin Stiff Jeff. Hast du deinen Analstöpsel schon drin?«

»Nee, mach ich gleich. Sag mal, haben wir nicht vor ein paar Jahren ›Steppenbrand am Rosettenrand‹ zusammen gemacht? Dein Penis kommt mir so bekannt vor.«

Ich habe natürlich vorher recherchiert, daher weiß ich das mit den Analstöpseln. Als Pornodarsteller muss man immer gut vorbereitet sein.

Gedreht wird in einem ziemlich heruntergekommenen Haus, das die Produktionsfirma von Steve Giant angemietet hat. Der Name ist nur ein Witz, denn Steve Giant geht mir ungefähr bis zum Knie. Die Bude gehört einem vor Jahrzehnten eingewanderten Norweger namens Thor. Kein Scherz. Wenn Sie sich nun den Prototyp des klischeehaften Pornoendkonsumenten vorstellen (die Art, die sich immer noch in Beate-Uhse-Shops herumdrückt) und dann noch einen sehr großen, wirklich enormen Bierbauch hinzudenken, wissen Sie ungefähr, wie Thor aussieht. Er hat die ganze Zeit eine Kamera in der Hand und filmt die Darstellerinnen aus der Höhe seiner Hüfte, als müsste er ihnen unter den Rock linsen, obwohl sie gar nichts anhaben. Das heißt, bis auf die Analstöpsel. Ausgedehnte Vorbereitung ist alles, das sagte ich schon.

Thor vermietet nicht nur sein Haus, sondern auch einen Teil seines Gartens. Im hinteren Teil stehen ein paar Trailer herum, in denen Männer wohnen, die von der Art her ihrem Vermieter nicht sehr unähnlich sind und offensichtlich ebenfalls Kameras besitzen. Es ist ein bisschen, als hätte die »Bild«-Zeitung sämtliche »Bild«-Zeitungs-Leser aufgerufen, das Leserfoto des Tages zu machen, und jetzt laufen sie mit erigierten Apparaten herum, um bloß nichts zu verpassen. Der vordere Teil des Gartens aber ist ein Paradies. Thor scheint ein Händchen für Grünzeug zu haben. Bananenstauden, pinkfarbene Orchideen, kleine Palmen – das Ganze wirkt wie eine Oase. Und wie eine Schallschutzmauer. Links von Thors Haus befindet sich eine Versammlungshalle der Zeugen Jehovas, rechts davon eine Polizeistation, und Heidi, die Darstellerin der Stunde, plärrt, als würde sie gerade Drillinge gebären.

Das ist der Plot: Heidi, Marke blondes All American Girl, liegt selbstvergessen in Thors Jacuzzi, dessen Wasser aussieht, als würde es aus dem privaten Trailerpark gespeist werden. Drei schwarze Jungs, alle ausnahmslos nach bestimmten körperlichen Attributen ausgewählt, sehen Heidi und beschließen, das zu tun, was man in Pornos eben so tut: Heidi ordentlich durchzubumsen. Zum besseren Verständnis habe ich die Dialoge ins Deutsche übersetzt.

»Huch«, sagt Heidi, als sie die drei Herren erblickt, »wer seid denn ihr?«

»Wir sind deine Nachbarn«, sagt der eine artig, »wir sind hier, um die interrassische Kommunikation zu verbessern.«

Das nenne ich mal einen gelungenen Einstieg. Der Rest des Dialoges ist leider nicht ganz so geschliffen. »Ich liebe es, dem seinen Schwanz zu lutschen«, sagt zum Beispiel Heidi, sodass ich verzweifelt dazwischenrufen möchte:

»Das heißt seinen! Oder dessen! Kinder, achtet doch wenigstens auf eure Grammatik.«

»Dieses weiße Pussy ist nach meinem Geschmack«, sagt einer der Darsteller, »so sehr flötschig.«

»Falsch!«, will es aus mir heraus. »Erstens heißt es *diese* weiße Pussy und zweitens, was soll flötschig überhaupt bedeuten? Das Wort gibt es ja gar nicht! Wenn schon, dann heißt es flutschig!« Wenn ich einen Porno drehen würde, würde ich auf so was achten. Die Leute sollen schließlich etwas lernen.

Ich lerne auch etwas, nämlich dass man sich am Pornoset nie, nie, wirklich niemals die Hand gibt. Das ist ganz witzig, weil man ja von Leuten umgeben ist, die sich ständig Geschlechtsteile überall hineinstecken, aber sich total anstellen, wenn sie jemanden begrüßen sollen. Nicht, dass ich scharf auf Händeschütteln wäre. Die Sache ist nämlich die, dass die Jungs steif bleiben müssen, wenn das Set gewechselt wird oder Heidi sich umpositioniert. Also hobeln sie die ganze Zeit an sich herum und reden dabei über Football. Wenn man sich am Pornoset begrüßt, gibt man sich also nicht die Hand, weil man nicht sicher sein kann, ob besagte Hand nur durch Handcreme so zart geworden ist. Sondern man schlägt mit seinem Ellbogen gegen den Ellbogen des anderen. »Das ist der Pornohandshake«, sagt Steve Giant und freut sich so über meinen dämlichen Gesichtsausdruck, dass ich den Pornohandshake ungefähr tausendmal wiederholen muss.

Inzwischen hat die Lufttemperatur sechsundvierzig Grad Celsius erreicht. Eine Hitzewelle liegt über Los Angeles, und ich kann mir beim besten Willen nicht vorstellen, bei diesen Temperaturen Geschlechtsverkehr zu betreiben. Heidi und die drei Jungs rödeln jetzt schon seit zwei Stunden in der Hitze herum. Darsteller Wesley Pipes, der laut Steve Giant bei den Darstellerinnen nicht nur wegen seiner Größe, sondern auch wegen seines Einfühlungsvermögens beliebt ist, stochert inzwischen mehr lustvoll als verzweifelt herum. Darsteller Lee Bang steht daneben und sieht aus, als würde er am liebsten die Pompons rausholen, um alle anzufeuern. Für mich als Außenstehende ist überhaupt nicht ersichtlich, wann der Spaß zu Ende gehen soll, denn die ganze Nummer hat längst die Erregungsqualität eines Besuchs beim Einwohnermeldeamt erreicht. Als der Regisseur endlich »Money-Shot« ruft und sich alle auf und über Heidi ergießen, ist Thor mit seiner Kamera jedenfalls ganz dicht dran. Natürlich gehe ich nicht ohne Profitipp. »Wenn die Menge an Sperma nicht reicht, um ein cooles Bild abzugeben«, erklärt mit der Regisseur Jim Powers, »dann nehmen wir einfach ein bisschen Piña-colada-Mix aus der Tüte und mixen es mit Wasser. Das ist doch eigentlich das Gleiche.«

Himmel, jetzt bin ich natürlich wieder total abgeschweift. Was ich eigentlich erzählen wollte, ist, dass ich gerne als Ghostbuster tätig bin. Ich fange merkwürdige, falsche und überflüssige Beziehungserwartungen ein, schließe sie in mein superelektrodingsbumsgesichertes Spezialverlies, bis irgendwann wieder mal einer vom Gleichberechtigungsministerium kommt und sie alle zum wiederholten Male freilässt.

DER SYMBIOSE-MANN

Manchmal blickt man auf eine Beziehung zurück und fragt sich: War ich die ganze Zeit betrunken? Das ist kein extrem angenehmes Gefühl, aber okay: Manche Beziehungen sind zum jeweiligen Zeitpunkt genau die Beziehungen, die man braucht. Dann verändert man sich, und plötzlich passt die Nummer nicht mehr, ungefähr so wie bei O. J. Simpson und seinem Handschuh. Ratlos blickt man zurück und denkt: Was habe ich getan? Was wollte ich da? Wie kann ich verhindern, dass so etwas wieder passiert?

Jede Beziehung, solange sie nicht missbräuchlich und gewalttätig ist, hat ihren Wert. Sogar die ganz blöden Beziehungen bringen uns immerhin dazu, nachzudenken und uns weiterzuentwickeln. Nichts ist nützlicher für ein bisschen Weiterentwicklung, als ab und an so richtig aufs Maul zu fliegen. Und, ganz ehrlich: Wenn eine Beziehung in die Hose geht, kann man noch so lange zetern und plärren, man wird doch nicht zu einer eindeutigen Schuldzuweisung kommen. Manchmal sind nicht mal beide schuld, sondern keiner, weil es Beziehungen gibt, die von Beginn an auf extrem trockenem Grund gebaut sind und nur halten, weil beide ständig draufspucken.

Die Männer, mit denen es Frauen zwischen zwanzig und fünfzig heute zu tun haben, sind weitgehend vaterlos aufgewachsen oder wurden von Vätern aufgezogen, die ihrerseits vaterlos aufgewachsen sind. Vaterlos sind übrigens auch jene, deren Väter ständig an ihrer Karriere gebastelt haben, anstatt sich zu Hause einzubringen, oder solche, deren Väter sehr zurückhaltend waren und eine extrem dominante Frau hatten. Und natürlich sind viele Männer im Krieg gestorben, der noch nicht halb so lange her ist, wie man oft glaubt – das Fehlen männlicher Rollenvorbilder wirkt sich auch in der Enkelgeneration aus. Worauf ich hinauswill: Männer brauchen Männer, um männliche Identität zu erlernen. Frauen können ihnen Anstand, Respekt und Fleiß beibringen, aber typisch männliches Gebaren können Männer nur von Männern lernen. Wofür das wichtig ist? Um einen Platz in der dynamischen Hierarchie der Welt zu finden, zum Beispiel. Um das Selbstwertgefühl zu stärken und zu lernen, seinen eigenen Impulsen zu folgen. Männer brauchen Männer, davon bin ich fest überzeugt und davon weiche ich auch nicht ab, da können mich hartleibige Emanzen noch so oft beschimpfen.

Natürlich gibt es Männer, die sich auf den Weg machen und nach ihrer Uridentität suchen. Viele der vaterlosen Männer aber sind ihr Leben lang unsicher und reagieren auf diese Unsicherheit mit einer radikalen Form der Anpassung, vor allem in Beziehungen. Ich habe viele Frauen kennengelernt, die alle mit den gleichen Problemen zu kämpfen hatten. Wieder und wieder höre ich Sätze wie diese:

»Egal, was ich tue, sage und vorschlage, er sagt immer nur: ›Okay, wie du meinst.‹«

»Ich versuche, ihn in unser Leben einzubeziehen, eben etwas Gemeinsames zu machen, aber von ihm kommt nie was Eigenes.«

»Er sagt, er findet keine Arbeit, die ihm Spaß macht, und meint, ich solle halt arbeiten gehen, weil ich doch sowieso viel talentierter wäre. Aber wenn ich das tue, ist er frustriert und unzufrieden und hängt den ganzen Tag vor dem Computer rum. Und abends werde ich dann vollgenölt.«

»Wir waren sechs Jahre zusammen. In diesen sechs Jahren hat er genau eine Entscheidung getroffen, nämlich welches Auto wir kaufen. Den Rest hat er mir überlassen.«

»Der Mann kommt mir vor wie ein Roboter. Ich bitte ihn, mir in der Küche zu helfen, er sagt ›Okay‹ und kommt angeschlurft. Ich bitte ihn, sich um diesen Job zu kümmern, er brummt ›Okay‹ und macht genau so viel, wie nötig ist. Ich bin sicher, wenn ich ihm die Scheidungspapiere hinlege, schnauft er ›Okay‹ und fragt, wo er seine Unterschrift hinsetzen muss. Auf mich wirkt es, als sei ihm alles egal, Hauptsache, man lässt ihn in Frieden. Ein Nein wäre so eine Befreiung! Oder ein tief empfundenes Ja!«

Ich nenne solche Männer Beziehungssymbionten.

Meist wandern sie ohne Pause von Frau zu Frau, saugen sich fest, nuckeln ein bisschen an ihrem Lebenssaft, und wenn die Frau die Beziehung beendet, gehen sie zur nächsten. Sie sind wie überfressene Bienen oder Misteln:

Schön anzusehen, aber im Grunde tun sie nichts anderes, als mitzuleben und zu warten, bis es vorbei ist.

Genau wie Misteln kann man solche Männer natürlich sehr, sehr lieben. Schließlich haben auch Misteln einen sehr guten Verwendungszweck, zum Beispiel um einen Eins-a-Zaubertrank zu brauen. Falls Sie nicht Miraculix heißen, sondern Baumbesitzer sind, kann es aber auch sein, dass Ihnen Misteln ziemlich auf den Keks gehen, denn über die Jahre zapfen sie dem Baum so ziemlich alles ab, was er zu bieten hat, und lassen ihn verdorren. Ganz so schlimm ist es mit dem Symbiose-Mann nicht, und es gibt Frauen, die kommen prima damit klar, dass sie mit einem vollkommen impulsarmen Menschen zusammenleben. Typische Symbionten kann man nicht mal durch die Aufnahme bizarrer Hobbys abschütteln, weil sie prompt mitmachen werden, selbst wenn es sich um einen Töpferkurs zur besten Bundesligazeit handelt.

Das alles sollte eine Frau wissen, wenn sie sich mit einem solchen Mann einlässt. Viele Frauen gehen Beziehungen in der irrsinnigen Annahme ein, dass der Kerl sich unter ihren pflegenden Händen schon günstig entwickeln werde, was natürlich Blödsinn ist. Jeder Mensch kann reflektieren und, wenn es gut läuft, seine prima Anlagen aufs Beste weiterentwickeln. In den meisten Fällen wird die betreffende Person aber bleiben, wie sie ist, mit all ihrer Stumpfheit, dem Furzen und den anderen hässlichen Angewohnheiten. Das gilt für Männer und Frauen gleichermaßen.

ES GIBT EIN PAAR ANGELEGENHEITEN, IN DENEN DER SYMBIOTISCHE MANN ABER WELTKLASSE IST:

- Man kann mit ihm die aberwitzigsten Sexpraktiken ausprobieren, denn er ist für alles offen, widerspricht nicht und hat kaum eigene Vorstellungen, wie die Dinge laufen sollten. Dominante Frauen müssen aber unbedingt auf die zarte Seele des Kerls aufpassen. Symbionten sind in der Regel viel zartfühlender, als es den Anschein hat.
- Sie sind großartige Mitbewohner, weil sie wenig Raum beanspruchen. Auch hier sind sie in der Regel offen für neue Lebensformen oder Einrichtungsstile.
- Sie sind gute Reisebegleiter. Auch hier kommt der Mangel an Impulsen und fehlender Entscheidungskraft vorteilhaft zum Tragen.
- Sie sind lernbegierig, wenn man sie für etwas begeistern kann. Es ist allerdings schwer, sie langfristig für etwas zu begeistern, denn Begeisterung kommt aus dem innersten Kern des Menschen. Und da muss ein Feuer lodern, auch wenn es noch so klein ist.

Dass manche Frauen sich mit diesem Männertyp über- und unterfordert zugleich fühlen, ist nur natürlich. Im Grunde kann man den Ritt nur überstehen, wenn man es schafft, rund um die Uhr ganz bei sich und den eigenen Bedürfnissen zu bleiben.

Meine alte Schulfreundin Kira rief mich vor ein paar Jahren zu Hilfe, weil sie mit ihrem Freund nicht mehr klarkam. Ich hatte mir schon vorher Gedanken gemacht, was sie mit Ole wollte, denn Kira ist wie ein Jack-Russell-Terrier, der ständig Auslauf und Beschäftigung braucht. Dynamisch, nervig, aber ganz lustig, wenn man die ersten Schlammtümpel mal hinter sich gebracht hat. Ole war eher der Typ alternder Bernhardiner.

»Da sitzt er«, sagte Kira und zeigte durch die kleine Durchreiche, die den Blick aus der Küche Richtung Wohnzimmer freigab. »Er sitzt immer da. Ich kann gucken, wann ich will, tags, nachts, morgens. Er sitzt da und schiebt die Maus hin und her.« Ich beugte mich hinunter, um hindurchzusehen. Da saß Ole an seinem Rechner, auf dem Gesicht ein konzentriertes Lächeln, der Rücken leicht gebeugt, als hätte er gerade etwas entdeckt und wäre im Begriff, jeden Moment aufzuspringen, um es zu verkünden. »Und was tut er da?«, fragte ich, weil ich keine entscheidende Tätigkeit erkennen konnte. Kira schlug sich mit der Hand an die Stirn und stöhnte: »Ich. Weiß. Es. Nicht. Irgendwas runterladen. Oder bearbeiten. Er sagt, er muss nur noch etwas runterladen. Und bearbeiten. Und irgendein Programm lernen.«

»Und dann?«

»Dann kann er sich selbstständig machen. Als Multimediadesigner. Das sagt er jedenfalls seit drei Jahren.«

»Ah.«

Wir standen eine Weile herum und guckten durch die Durchreiche. Auf der anderen Seite bewegte sich Ole mit dem Minimalismus einer Gottesanbeterin. Es muss schwer sein, nach dem Prinzip zu leben: »Ich lade nur noch was runter, dann bin ich fertig«, weil die verfügbare Datenmenge unendlich groß ist und sich ständig weiterentwickelt. Ole war ein Gefangener der Matrix, und es gab keine Pille, die ihn retten konnte. Irgendjemand, ich glaube, es war Bob Dylan, hat mal gesagt: »Ein Mann ist ein Erfolg, wenn er morgens aufsteht und abends ins Bett geht und dazwischen das tut, was er tun möchte.« Was Bob Dylan vergessen hat hinzuzufügen, ist, dass das nur gilt, wenn man für irgendetwas eine Jahrhundertbegabung hat.

»Und im Bett?«, fragte ich auch sie, weil Sex wirklich ein guter Maßstab ist, um das Beziehungsgefühl von Leuten auszuloten. Lachen sie ein bisschen irre und sagen: »Haha, nein, wir sind doch so was wie beste Freunde, da ist der Sex nicht mehr so wichtig!«, ist es Zeit, genauer nachzufragen. Und vielleicht die Nummern von ein paar Leuten rauszurücken, die gerne One-Night-Stands haben. Einfach, um allen Beteiligten wieder zu einer gewissen Lebendigkeit zu verhelfen. Wenn die Leute sich wieder spüren, treffen sie nämlich weisere Entscheidungen.

Kira sagte: »Ach, pff, ganz okay, nehme ich an. Einmal die Woche, manchmal zwei. Meistens geht der Anschubser von mir aus, aber dann ist es ganz schön.« Sie zuckte mit den Schultern. Drei Dinge waren ziemlich ersichtlich: 1.) Kira langweilte sich mit Ole, weil er in ihrem gemeinsamen Leben außer kacken gehen nichts allein entschied. 2.) Sie liebte Ole, zumindest glaubte sie das. 3.) Sie hatte panische Angst, Ole zu verletzen und den alles entscheidenden Fehler zu machen, den sie in dreißig Jahren noch bereuen würde: »Ich habe den tollsten Mann meines Lebens ziehen lassen, und jetzt bin ich allein.« Wobei sie sich im Stillen immer wieder sagte, dass das wahrscheinlich nicht stimmte.

Ole war ein guter Typ, keine Frage. Aber Ole war ein Bernhardiner, der einen anderen Bernhardiner brauchte und keinen kläffenden Jack-Russell-Terrier, der den ganzen Tag um ihn herumsprang und bellte: »Nun steh schon auf, komm schon, lass uns was tun! Draußen warten die Stöckchen und Äste und was weiß ich! Da könnten Füchse zum Jagen sein! Let's go, schneller!« Jeder wird einsehen, dass das für den Bernhardiner und den Jack-Russell unendlich stressig wäre, und darum riet ich Kira zu den Fragen, die man sich in solchen Beziehungssituationen stellen sollte:

- Lebe ich das Leben, das ich mir erhoffe, und unterstützt mich mein Partner?
- Unterstütze ich ihn?
- Falls ich unzufrieden bin: Wird sich die Situation in Zukunft ändern?
- Will ich so weiterleben?

Wer auch nur zwei dieser Fragen für sich mit Nein beantworten kann, sollte eine Trennung sehr ernsthaft in Erwägung ziehen. Und zwar aus Fairness sich und dem anderen gegenüber. Ich meine damit die Kunst, jedem Menschen das bestmögliche Leben zu gönnen. Da haben das Ego (»Lieber behalte ich ihn, bevor ihn eine andere bekommt«) und die Eifersucht (»Er darf aber keine andere nach mir haben«) nichts zu suchen. Da ich (wie ein paar andere vernünftige Menschen) davon ausgehe, dass wir nur eine Lebenszeit zur Verfügung haben, wäre es doch dämlich, diese damit zu verplempern, den ganzen Tag über einen Typen zu schimpfen, den man eigentlich nicht so mag, wie er ist. Kira hat eine Menge Energie darauf verwandt, über Ole zu nörgeln. Und Ole hat eine Menge Federn dabei gelassen, permanent das Gefühl zu haben, wieder nicht zu genügen – übrigens ein Gefühl, das er aus seiner Familie kennt und das er in ziemlich vielen Beziehungen gespürt hat.

Manchmal, gestand Kira, während wir durch die Durchreiche starrten, habe sie regelrechte Hassgefühle gegen Ole. »Und das Schlimme ist, dass ich genau weiß, wie wahnsinnig ungerecht das ist. Er hat nichts getan, außer er selbst zu sein. Ich bin einfach eine blöde Pute, die mit nichts zufrieden ist!« Ich fragte Kira, was sie sich für einen Partner wünschen würde. Sie überlegte eine Weile, dann schrieb sie auf den Zettel, den ich ihr hinhielt:

- Er soll abenteuerlustig sein und mutig, weil ich manchmal feige bin.
- Er soll stark sein und im richtigen Maß dominant, damit ich nicht immer alles allein tragen muss.
- Ich hätte gerne einen, der vorangeht. Und abends für mich was zu essen macht, weil ich auch harte Tage habe.
- Er soll mich überraschen. Und mir ab und zu was Schönes schenken.
- Er soll an Weiterentwicklung interessiert sein.

Als sie mir den Zettel zurückgab, war sie fast peinlich berührt. Nichts davon traf auf Ole zu.

»Warum hast du dich in Ole verliebt?«, fragte ich. »Oder besser, was hat dich gereizt?«

»Dass er so weich und warm war«, sagte Kira. »Dass ich mich geborgen gefühlt habe.«

Als Kira mit Ole zusammenkam, hatte sie sich in einem Ausnahmezustand befunden. Ihre Mutter war gerade gestorben, und auf der Arbeit hatte sie einen entsetzlichen, machtgierigen Chef, der alle Angestellten terrorisierte. Ole war genau das Gegenteil von Trauer, Unruhe und Terror. Kein Wunder, dass Kira sich so angezogen gefühlt hatte! Ole war ein bequemer Sessel, in den sie sich hineinkuscheln konnte. So sehr, dass sie ihn in kürzester Zeit durchgesessen hatte, und jetzt stachen ihr die Federn in den Hintern. Nichts davon war Oles Schuld. Er hatte ihr nie vorgemacht, ein anderer zu sein, als er war. Manchmal beruht Liebe auf einem winzigen Missverständnis, einem geheimen Zeichen, das falsch interpretiert worden ist. Oles weicher Zauber war für Kiras Seele keine Sänfte, die sie nach vorn trug. Sondern ein ausgedehnter Fernsehnachmittag in einer tiefen Couch, aus der man ohne fremde Hilfe nicht wieder herauskommt und immer wieder in die Schüssel mit den Chips greift. Ganz einfach, weil man immer tiefer in die Kissen sinkt.

Nicht lange nach meinem Besuch haben sich Kira und Ole getrennt. Ole war überrascht und sehr verletzt. Kira war verletzt und sehr, sehr unglücklich, weil sie Ole (und sich selbst) so verwundet hatte. Nach einer Weile stellte sich aber bei beiden ein Gefühl der Erkenntnis ein, dass

+ und – sich auch in Beziehungen gegenseitig neutralisieren und eine Entwicklung verhindern. Ole lernte ein knappes Jahr später eine Frau von ähnlichem Schlag kennen, die gerne Entscheidungen in anderer Leute Hände legte. Da sie begeisterte Zumba-Anhängerin war, sah Ole sich gezwungen, ein eigenes Männerhobby zu suchen, denn Zumba war ihm »zu weibisch«. Er macht jetzt Kung-Fu. Und wie durch ein Wunder schaffte er es, vom Schreibtisch aufzustehen und ein eigenes Business im Multimediabereich aufzubauen. Ich habe keine Ahnung, was es ist, aber es ist schön bunt, und er ist sehr glücklich.

Kira hatte ein paar schwere Monate, in denen sie sich orientierungslos fühlte und mit ein paar Ole-Typen herummachte, bis sie ihr Muster endlich erkannte und überwand. »Scheiß drauf«, sagte sie mir mal. »Wenigstens bin ich jetzt ehrlich zu mir.« Und das ist wahr. Ehrlichkeit ist das Mindeste, was man sich zumuten muss. Inzwischen trifft sie sich mit einem Mann, der genauso hyperaktiv ist wie sie. Und auch, wenn ich die beiden zusammen kaum ertragen kann, ist sie sehr zufrieden.

Was Sie aus diesem Kapitel gelernt haben sollten
Der Symbiose-Mann wird keine überraschenden Entscheidungen treffen. Darauf können Sie warten, bis Sie lila sind vor Bluthochdruck. Er ist ein guter Zuhörer, ein großartiger Unterstützer und ein Partner in Crime in allen Lebenslagen. Wenn Sie aber einen Mann wollen, der auch mal die Führung übernimmt, sind Sie hier falsch. Quälen Sie den Symbiose-Mann nicht mit Nörgelei. Wenn Sie an ihm zwei-

feln, passt er einfach nicht zu Ihnen. In dem Fall sollten Sie ihm die Freiheit schenken, denn für eine andere, ruhigere Frau ist er möglicherweise genau der Richtige.

Wie daraus doch noch eine gesunde Beziehung wird
Manche Menschen blockieren einander. Ole fühlte sich von Kira offenbar eingeschränkt, ja sogar eingeschüchtert. Wenn ein Mann kein großes Selbstbewusstsein hat, wird er an einer starken Frau zerbrechen, weil er weiß, dass er ihr nichts entgegenzusetzen hat. Also bemüht er sich um Schadensbegrenzung, indem er sich nahezu unsichtbar macht. Wie jedes zarte Pflänzchen braucht aber gerade ein solcher Mensch viel liebevolle Pflege. Und ein Gefühl für die eigenen Bedürfnisse. Lassen Sie dem Symbiose-Mann so viele Freiräume wie möglich. Ermuntern Sie ihn dazu, seinen Wünschen nachzuspüren. Seltsame Hobbys können das Leben unheimlich bereichern! Und üben Sie sich in Geduld – einen Menschen so zu akzeptieren, wie er ist, ist der größtmögliche Liebesbeweis.

Ein pubertäres Lebensgefühl

Mir ist im Leben nicht besonders viel peinlich, und ich weiß nicht, ob das ein Segen oder ein Fluch ist. Wenn ich zum Beispiel über Sex spreche, ist mir das überhaupt nicht peinlich, weil ich a) Sex nicht als etwas Beschämendes empfinde und b) ich grundsätzlich davon ausgehe, dass Menschen von geteilten Informationen etwas lernen, besagte Information also in irgendeiner Form nützlich ist. Viel peinlicher ist mir da schon, dass ich 1989 mit Christian U. auf so oberflächliche Art Schluss gemacht habe. Ich lauerte ihm in der Fußgängerzone auf, wo er gerade mit seinem Kumpel unterwegs war.

Ich (scheinbar sorglos um ihn tänzelnd): »Hey du, ich glaube, das läuft mit uns nicht so richtig.«

Er: »Okay, wie du meinst.«

Ich (davontänzelnd, in Gedanken schon bei Frank K.): »Alles klar. Bis dann!«

Noch heute denke ich, ich hätte ihm wenigstens einen Brief schreiben können. Einen Menschen mit zwei, drei lieblosen Sätzen aus dem Leben zu verabschieden ist nicht besonders edel, und es ist dabei ganz egal, ob ihn die Trennung überhaupt berührt hat oder nicht. Immerhin waren wir zehn Tage miteinander gegangen, das war verdammt nah an einer festen Beziehung.

Talkshows sind mir auch peinlich. Nicht, weil ich nicht gerne hinginge, sondern weil die anderen Gäste mir immer mit so unverhohlenem Argwohn begegnen, als wäre ich Lobbyist der internationalen Pro-Lepra-Bewegung. Kurz bevor in Talkshows meine Sprechzeit beginnt, fangen die anderen Gäste üblicherweise an, ein bisschen tiefer in ihre Sitze zu rutschen, als hätten sie Angst, dass ich ihnen gleich das Höschen runterrupfen und rufen könnte: »Haha, guck mal, was für eine kleine Nudel der hat!« Der Einzige, der auf meine Anwesenheit locker reagiert hat, war Jörg Wontorra, und das wahrscheinlich auch nur, weil er vorher im Aufwärmraum eine kleine Degustation an den örtlichen Weinvorräten vorgenommen hatte. Dabei tue ich nichts anderes, als den Leuten gelegentlich zu sagen, dass sie, wenn ihnen Sex so wichtig ist, dazu stehen und im Idealfall auch darüber reden sollten. Blickkontakt wird mit mir prinzipiell vermieden, als könnte man nur ein Thema besprechen, obwohl ich mich in Physik, mittelalterlicher Geschichte und moderner Kunst auch eins a auskenne. Ich bin zum Beispiel neben meiner Freundin Ghiti der einzige Mensch, der auf der Stringkonferenz war und nicht gleich wieder gegangen ist.

Nun ist Quantengravitation nicht jedermanns Thema, und darum rede ich lieber über Sex. Ich gebe zu, dass ich, wenn ich in so einer Runde sitze und die allgemein feindselige Stimmung bemerke, zur Frechheit neige. Ich erinnere mich zum Beispiel an eine Runde, in der der von mir musikalisch sehr verehrte Jan Delay saß. Er guckte mich die ganze Zeit so böse an, als wollte ich gleich das Ende aller Livemusik verkünden. Als es darum ging, woran man einen guten Liebhaber erkennen würde (eine selten doofe Frage aus dem »Wir haben eine Sexexpertin zu Gast«-Standardkatalog), sagte ich, dass gute Tänzer allgemein bessere Liebhaber seien, weil sie ein gutes Körpergefühl hätten. Delay fühlte sich davon sehr geschmeichelt und richtete sich ein wenig auf. Und ich weiß nicht, warum, aber dann kam ohne böse Absicht folgender Satz aus mir heraus: »Dauerhafte Kiffer sind es natürlich nicht.« Das stimmt auch, obwohl ich gar nicht Jan Delay im Speziellen damit meinte. Chronisches Kiffen erlahmt Geist und Körper und schädigt vor allem die Chromosomensätze. Meinetwegen sollen sich die Leute mit Drogen vollstopfen, bis es ihnen zu den Ohren herauskommt. Aber sie sollen sich wenigstens eingestehen, dass es etwas mit ihnen anrichtet. Die einzige Moderatorin, die mir bisher ganz unverklemmt und liebevoll begegnete, war übrigens Barbara Schöneberger. Noch in der Garderobe begrüßte sie mich mit den Worten: »Du hast ja wirklich so dicke Titten. Wie ich.«

Irgendwie scheine ich die Leute zu provozieren. Sex ist konfrontativer, als mit jemandem über seine üblen Essgewohnheiten zu sprechen, das sehe ich ein.

MEINE TOP-7-BELEIDIGUNGEN ALLER ZEITEN

- »Wenn ›Ich fasse nie mehr eine Frau an‹ ein Gesicht hätte, sähe es aus wie @PLambertBerlin.«
- »Hey @PLambertBerlin, du bist so nützlich wie ein Betamax-Videorekorder #nicht.«
- »Ich kenne Zement, der schneller hart wird als ein Mann beim Anblick von @PLambertBerlin.«
- »Sind deine Eltern Cousins? @PLambertBerlin.«
- »@PLambertBerlin! Jeder, der dir geraten hat, einfach du selbst zu sein, hätte dir keinen übleren Ratschlag geben können.«
- »@PLambertBerlin! Was ist die beste Position, um hässliche Babys zu machen? Frag deine Mutter!«
- »@PLambertBerlin sieht aus, als hätte ihr jemand ins Auge gewichst.«

Die Spätfolgen sind gravierend. Manchmal stehe ich tatsächlich morgens vor dem Spiegel und denke: »Verdammt, du siehst ja schon wieder so aus, als hätte dir jemand ins Auge gewichst.« Ich möchte kurz erläutern, woran es liegt, dass ich tatsächlich so aussehe. Als ich klein war, hatte ich einen bestürzend raumgreifenden Silberblick, und eigentlich hätte ich eines dieser Klebchen gebraucht, die kleine Kinder dann über das gesunde Auge gepappt bekommen, bis sich das andere von selbst einstellt. Tja, irgendwie haben die für mich verantwortlichen Erwachsenen das wohl vergessen, auf jeden Fall schaltete sich das Auge irgendwann ab und erblindete. Ich sehe also nichts auf dem linken Auge, was dazu führt, dass ich ständig neben Türklinken greife oder Wein auf den Tisch gieße, weil ich das Glas verpasse. Sobald Tageslicht dazukommt, kneife ich das linke Auge reflexartig zu, weil es sowieso nicht mitgucken kann. Und so kommt es, dass ich jeden Tag mit einem halb geschlossenen linken Auge verbringe, gerade so, als hätte mir jemand hineingewichst.

Mimi unterstützt mich in dieser Problematik, so gut sie kann. »Immer noch besser, als hätte dir jemand ins Auge gekotzt«, sagt sie beispielsweise. »Stell dir mal vor, wie das brennen muss!« Es geht nichts über die motivierenden Worte einer wirklich guten Freundin.

Doch zurück zum Thema. Beziehungen sind immer schon eine knifflige Sache gewesen. Man sehe sich nur an, was mit dem armen Ödipus passiert ist, der Theben als Blinder verlassen musste, weil wieder niemand mit ihm gesprochen hatte. »Hör mal, Ödipus«, hätte ihm irgendein Typ auf dem Markt zuraunen können, »dieser Kerl, den du neulich getötet hast, war in Wirklichkeit dein leiblicher Vater. Ziemlich abgefuckt, ich weiß. Aber diese

Frau, mit der du gerade rumschäkerst, ist in Wahrheit deine Mutter. Wenn ich du wäre, würde ich die Finger von ihr lassen.« Was passierte stattdessen? Alle taten so, als hätten sie keine Ahnung (obwohl das Orakel ja nicht gerade schweigsam gewesen war), und das Drama nahm seinen Lauf, bis Ödipus sich schließlich selbst die Augen ausstach und Theben als Blinder verlassen musste.

Ich will damit nur verdeutlichen, wie wichtig es ist, auch scheinbar nebensächliche Dinge anzusprechen (wie eine Prophezeiung oder ein dumpfes Gefühl in der Magengegend meinetwegen), damit die Dinge auf den Tisch kommen. Dann wiederum glaube ich fest daran, dass nichts im Leben ohne Nutzen geschieht. Und es gäbe eine Menge herrlicher Kinder nicht, wenn die Ratio in allen Lebenslagen die Oberhand gewönne. Wie man mit erwachsenen Kindern umgeht, habe ich allerdings erst spät gelernt.

DER BERUFSPUBERTIERENDE

Erwachsenwerden ist eine grässliche Angelegenheit. Während Erwachsensein ganz wunderbar ist, ist die Zeit dahin eine ätzend anstrengende Wanderung, während deren man sich ständig heulend an den Wegesrand werfen möchte, um sich ein wenig in Schlammpfützen (und Selbstmitleid) zu wälzen. Ich verstehe das. Wenn ich zurückblicke, sehe ich eine Menge Schlammpfützen, und in diesen Pfützen steigen immer noch kleine Bläschen hoch, weil ich mich so ausgiebig darin gewälzt habe. Die Pubertät ist in vielerlei Hinsicht deutlich schwieriger als die Kindheit. Während man als Kind dem Leben mehr oder minder wehrlos ausgesetzt ist, hat man als Pubertierender schon die vage Vorstellung, wie man sich wehren könnte. Der Anlass dafür muss gar keine gigantische Krise sein, nichts existenziell Bedrohliches. Als Teenie reicht es schon, wenn einem der Junge, mit dem man gerade geknutscht hat (und vor Aufregung dabei rot geworden ist), sagt: »Hey, du hast ja ein total rotes Gesicht!«, worauf man natürlich nur noch röter wird. Scham oder vielmehr deren Entstehung ist einer der elementaren Entwicklungsschritte des Heranwachsenden. Als Kind schämt man sich weniger, weil man viele Dinge als gegeben hinnehmen kann. Sie sind, wie sie sind. Als Heranwachsender fängt man an, alles zu hinterfragen. Habe ich die richtige Entscheidung getroffen? Muss ich jetzt wegziehen? Oh mein Gott, ich kann nie wieder in diese Disco gehen! Es ist mir also vollkommen unverständlich, warum ein erwachsener Mensch sich wünschen kann, genau in diesem Zustand zu verharren, und zwar für den Rest seines Lebens.

Mats ist genau der Mann, den ich als Fünfundzwanzigjährige toll gefunden hätte. Er hat wuscheliges Haar (ein untrügliches Zeichen für Jugend), macht viel Sport, vorzugsweise auf dem Skateboard, er arbeitet als Grafiker und geht liebend gern auf Konzerte von Punkbands, deren Namen niemand außer er selbst aussprechen kann. Mats ist fast immer gut gelaunt, er ist hilfsbereit und warm. Von seinem Hals baumeln Anhänger an Lederbändern, und wenn man Mats eine richtige Freude machen will, schenkt man ihm ein paar Comics zum Geburtstag. Zweimal im Jahr fährt er zum Surfen in den Urlaub, sodass seine Haut fortwährend einen goldenen Schimmer zeigt und sein Haar an den Spitzen ausgeblichen von Salzwasser und Sonne ist. Seine beiden Söhne heißen Jakob und Elon. Jakobs Mutter Saskia ist ein ehemaliges Model, das jetzt einen Laden für Kinderklamotten betreibt; Elons Mutter Thekla ist ebenfalls Grafikerin. Die beiden Frauen verstehen sich gut, was ein Glück ist für die Jungs, die nur anderthalb Jahre auseinanderliegen und beinahe aufwachsen können wie Brüder oder zumindest wie sehr gute Freunde. Ach ja, eines noch: Mats ist fünfundvierzig Jahre alt.

Als ich das erste Mal in Mats' Wohnung stand (Saskia hatte mich zum Essen eingeladen), war ich verwundert über die Art der Einrichtung. Überall standen kleine Blechroboter und Automodelle herum, und an den Wänden hingen Poster bekannter Comiczeichner. Die Stühle waren bunt lackiert, und alles in allem machte das Apartment den Eindruck, als hätte Mats sein Kinderzimmer einfach ein bisschen vergrößert. Das Paar lederner Herrenschuhe, das unter dem Spiegel im Flur neben einem Haufen ausgelatschter Turnschuhe stand, wirkte völlig deplatziert – als hätte ein Mann vom Jugendamt, der sich vom ordnungsgemäßen Pflegezustand des kleinen Mats überzeugen wollte, sie beim Abschied vergessen. Das einzige Anzeichen dafür, dass es sich um einen Erwachsenenhaushalt handelte, wirkte hier einfach falsch. In ebenso krassem Gegensatz zu der ganzen »Lass uns schnell noch einen durchziehen, Mama kommt gleich nach Hause«-Ausstrahlung der Wohnung wirkte Saskia mit ihrem Baby. Jakob war an diesem Abend vielleicht acht Monate alt, und es war offensichtlich, dass Saskia von Mats jetzt schon so genervt war, dass sie ihn am liebsten mit den Eiern zuerst an den Türrahmen genagelt hätte, gleich neben seine zerbrochenen Skateboarddecks, die er alle aufbewahrte, weil sie Beweise seiner dahinschwindenden Lebenszeit waren. Mats schien von alldem nichts mitzubekommen. Er strich sich durch das salzwassergebleichte Haar, zeigte seine putzigen Grübchen, die allen Frauen (sogar der miesen Empfangsschnatze beim Kinderarzt) weiche Knie machten, und sagte: »Was gibt's denn eigentlich zu essen?«

»Ich dachte, du wolltest Spaghetti Carbonara machen?«, fragte Saskia und sah aus, als würde sie mir gleich Jakob in die Hand drücken, um schon mal ihre AK-47 zu polieren.

»Upps, stimmt ja«, sagte Mats und hüpfte federleicht in die Küche, von wo er rief: »Ach, Mist, ich habe ja ganz vergessen, Speck zu kaufen. Tun es Butterbrote nicht auch?«

Was war passiert? Nichts. Mir persönlich sind Butterbrote sogar lieber, und beim gemeinsamen Essen ist die Gesellschaft sowieso wichtiger. Alles. Saskia hatte es satt, dass sie alles regeln musste, weil Mats es nicht schaffte, den Alltag ernst zu nehmen.

WAS SASKIA VON MATS ERWARTETE

- Einen Job zu haben, um den Lebensunterhalt zu verdienen, bis sie wieder voll einsteigen konnte. Und sie brauchte nicht viel, nur ein bisschen Sicherheit.
- Sich an Absprachen zu halten, zum Beispiel ab und zu einzukaufen, wenn es verabredet war.
- Sich bindungswillig zu zeigen. Endlich mit ihr zusammenzuziehen, jetzt, da sie ein Kind zusammen hatten.
- Sich zu verhalten wie ein Mann, der ein Kind hat. Und nicht wie einer, der gerade aus der Pubertät aufgetaucht ist.

Tat Mats irgendetwas davon? Eher selten. Er führte nach wie vor das Leben, das er vor seiner Vaterschaft geführt hatte. Er kam nachts stockbesoffen nach Hause und schlief bis in die Puppen. Er behandelte Auftraggeber wie Kumpel, die ein bisschen fordernd waren – nichts, was man mit ein paar guten Witzen nicht hinbekommen würde. Und was die Frauen anging: Sex war etwas, worin er wirklich gut war. Und er wusste, dass Saskia ihm nach einem Wink seines Penis so ziemlich alles verzeihen würde.

Mats ist die Art Mann, der während des Sex den Namen einer anderen Frau ruft und dann sagt: »Aber nein, das hast du völlig missverstanden! Ich habe nicht den Namen einer Frau gerufen, ich habe Babynamen ausprobiert für den Fall, dass du schwanger wirst!« Frauen glauben ihm alles, weil er putzig ist. Und sexy. Er ist ein zu groß geratener Junge, der so tut, als wäre er ein Mann. Oscar Wilde hat einmal geschrieben: »Alles in der Welt dreht sich um Sex. Außer Sex. Sex dreht sich um Macht.« Sex ist für Männer wie Mats das Rad, auf dem sie durch die Welt kullern. Seine sexuelle Spannkraft berauscht ihn durch das Gefühl der Macht. Mats schafft es, dass sich die müdeste Frau in seinen Armen fühlt wie ein junges Mädchen, das gerade die Freuden der Sexualität entdeckt. Er ist jung und auf angenehme Weise spritzig, vielleicht, weil man als Frau instinktiv weiß, dass er sich nicht allzu viele Gedanken macht, sondern immer von der Leichtigkeit des Lebens angezogen wird, nicht von seiner Schwere. Er ist kein Mann von Format, und er weiß das. Im Grunde ist er ganz ehrlich damit. Eine Frau, die seine Wohnung betritt, weiß augenblicklich, wo sie ist: In der Höhle eines großen Kindes. Was wissen wir über das Wesen des Kindes? Kinder wollen wachsen. Das ist ein ganz natürlicher Vorgang. Tatsächlich braucht man Kindern kein strenges Schulprogramm vorzusetzen, weil der Drang, sich auszudehnen und mit Wissen vollzustopfen, einfach gegeben ist; man muss nur die richtigen Materialien und ein fruchtbares Umfeld zur Verfügung stellen. Gleichzeitig wünscht sich ein Kind einen sicheren Rahmen, einen Raum, in dem es sich in der Unsicherheit seiner Entwicklung (wir erinnern uns an das hohle Gefühl aus der Pubertät) geschützt bewegen kann. Wenn nun noch ein starkes Vorbild da ist, an dem sich der junge Mensch orientieren kann, sollte es eigentlich keine weiteren Schwierigkeiten auf dem Weg in ein geglücktes, selbstbestimmtes Leben geben. Denn das ist der Unterschied zwischen Kindheit und Erwachsensein: Das Kind muss sich in einem vorgegebenen Rahmen bewegen, der Erwachsene kann diesen Rahmen für sich selbst gestalten.

Doch Mats musste zwangsläufig irgendwann ein eigenes Leben beginnen, weil das die Regeln der Gesellschaft besagen. Ein Mann Mitte zwanzig oder Anfang dreißig, der immer noch zu Hause wohnt, wird erst argwöhnisch beäugt und dann vermutlich aus der Gemeinschaft ausgeschlossen, denn er ist augenscheinlich ein Muttersöhnchen, ein Küken, das nicht flügge werden will. Solche Küken holt in der freien Wildbahn für gewöhnlich der Fuchs, und das ist gut so. Bei den Menschen ist es ein wenig komplexer, denn wir sind Wesen, die von Konventionen geprägt werden. Ein Kind verlässt sein Elternhaus, wenn es etwa neunzehn oder zwanzig ist, und steht dann auf eigenen Füßen. Ich habe einmal ein älteres Paar besucht, deren Kinder beide studiert hatten und nun, mit dreiunddreißig bzw. fünfunddreißig Jahren, immer noch zu Hause wohnten. Die Mutter zeigte mir das Zimmer ihres Sohnes.

»Hier ist es«, sagte sie. »Sehen Sie diese schrecklichen Plakate dort hinten? Davon hat er Kalender, Bettwäsche, einfach alles. Und wenn dann mal eine nette Frau kommt, um sich mit ihm zu treffen, sieht sie das hier und läuft sofort wieder weg.«

Kein Wunder, denn das ganze Zimmer hing voll mit Bildern der »Simpsons«.

»Warum werfen Sie ihn nicht einfach hinaus?«, schlug ich vor. »Es ist Ihr Haus, Sie könnten einfach seine Sachen packen und vor die Tür stellen!«

»Ach, ich bin doch seine Mutter«, sagte sie, »ich kann ihn nicht einfach hinauswerfen! Aber mein Mann und ich, wir haben schon überlegt, ob *wir* nicht einfach ausziehen sollen.«

Sie war eine gute Frau, und sie meinte das völlig ernst. Es war ihr lieber, das Feld zu räumen und das geliebte Haus zu verlassen, als ihren Sohn und ihre Tochter in die Verantwortung zu drängen und die eigenen Fehler einzusehen, die sie als Eltern gemacht hatten. Wie eine alte Löwin, die von ihrem Nachwuchs aus dem Revier gejagt wird. Nur dass der Nachwuchs in diesem Fall nicht mal kämpfte, sondern schmerbäuchig, mit schwindendem Haupthaar und im »Simpsons«-Bademantel in die Küche geschlurft kam und sagte: »Mama, machste mir mal 'ne Stulle? Ich hab so'n Hunger.«

Was war der Unterschied zwischen dem »Simpsons«-

Fan und Mats? Immerhin hatte Mats eine eigene Wohnung, war von dem kleinen Städtchen in Schwaben bis in die Großstadt gezogen und schaffte es, sein eigenes Leben zu bestreiten. Und doch haben beide kolossale Furcht davor, Verantwortung zu übernehmen. Wer erwachsen ist, stellt sich der Welt – egal, was die Welt einem antun kann. Die Welt ist ein Ort, an dem eine Krawatte zur tödlichen Schlinge werden kann. Männer kennen keine Beißhemmung. Wer mit den großen Jungs spielen will, muss damit rechnen, ein paar Narben davonzutragen. Indianische Stämme bringen ihre Jungen ins erwachsene Leben, indem sie sie in der Wildnis aussetzen, wo die Berglöwen nachts um den Gipfel herumstreichen. Indem er die Angst in sich wachsen spürt, sie zulässt und ihr schließlich begegnet, wird der Junge zum Jäger, also zum richtigen, für die Gruppe wertvollen Mann.

Man kann sich der Nacht auf dem Gipfel entziehen, indem man sagt: »Halt, ihr irrt euch! Ich bin noch gar nicht so weit, ich bin gar kein junger Mann, ich bin noch ein Kind. Seht her, ich trage bunte T-Shirts und habe ulkige Hobbys, also bin ich noch gar nicht bereit. Wartet noch, gebt mir noch ein paar Jahre!«

Mats warf sich also ein paar bunte Leibchen über, schnappte sich sein Skateboard und rollerte durch die Großstadt mit der Leichtigkeit derer, die wissen, dass sie noch nicht auf den Berg geschickt werden. Tatsächlich konnte sich Mats sowohl im Beruf als auch im Privatleben sicher davor fühlen, ernsthaft geprüft zu werden. Erstens war ein Großteil seiner Kollegen ebenso veranlagt wie er, zweitens hatte er eine Partnerin, die zwar an Passiv-

Aggressivität längst in der Königsklasse angelangt war, ihm aber immer noch die Sachen hinterhertrug, wie es, machen wir uns nichts vor, früher seine Mutter getan hatte. Saskia war also die Frau, die es ihm möglich machte, sich aus der Verantwortung zu stehlen und weiter seine Comics zu lesen. Denn wie kann man einem Kind Vorwürfe machen, dass es dies und das nicht tut? Möglicherweise kann es das gar nicht!

Kommen wir endlich zum Sex. Für Mats ist Sex das Ausdrucksmedium, in dem er sich unschlagbar fühlt. Tatsächlich ist gut vögeln zu können sein einziger erwachsener Maßstab, den er bei sich ansetzt. Denn ein Mann, dem es nicht gelingt, eine Frau zu befriedigen, wird aus der Bruderschaft der Kerle ausgeschlossen. Er ist unweigerlich ein Schlappschwanz. Warum also schafft es Mats nicht, sich im Beruf oder Privatleben seiner Männlichkeit zu stellen, in dem er Verantwortung übernimmt? Weil er unterbewusst glaubt: »Möglicherweise kann ich es gar nicht. Ganz gewiss nicht!« Und damit es ihm jeder glaubt, kleidet und benimmt er sich wie ein Jüngling, der noch nicht bereit ist, hinaus in die Welt geschickt zu werden.

Würde er sich aber auf dem Gebiet der Sexualität entziehen (»Möglicherweise kann ich es gar nicht!«), würde er sich selbst des letzten Restes seiner Männlichkeit berauben. Also konzentriert er sich auf das Jungenhafte in ihm, die Frische, die Spritzigkeit, denn jeder weiß, dass junge Männer ewig können! Und genauso beschreibt Saskia den Sex mit Mats: »Da lässt er endlich mal alles raus, er ist männlich und stark und sagt mir genau, was er von mir erwartet. Es ist einfach herrlich.« Saskia hat sich in den Mats verliebt, mit dem sie Sex hat, dabei aber übersehen, dass der andere Mats einen größeren Anteil in ihrem Leben einnehmen wird, wenn sie ein Kind bekommen. Mit einem Teenager kann man schwerlich eine Familie gründen.

An jenem Abend zeigte sich das ganze Drama dieses Missverständnisses. Saskia war selbstverständlich davon ausgegangen, dass Mats sich mit der Geburt eines Kindes so ändern würde, dass er freiwillig auf den Berg steigen und mit den Pumas kämpfen würde. Mats hingegen war davon ausgegangen, dass Saskia ihn so nehmen würde, wie er war, und ihm für seine Potenz dankbar sein würde. Schließlich hatte er ein herrliches, gesundes Kind gezeugt. War das nicht genug?

Frauen hegen ständig Hoffnungen. Ich finde das eigentlich sehr schön, weil es zeigt, dass unter uns viele unerschütterliche Optimisten sind. Leider ist der ganze Optimismus von einer Menge Sentimentalität durchtränkt, die dazu führt, dass sich viele Frauen von scheinbaren Idealbildern blenden lassen. Ach, würde ich doch nur einen Mann finden, der mich so liebt wie Mr. Darcy! Tatsächlich ist Mr. Darcy (der romantische Charakter schlechthin, falls es wirklich jemanden geben sollte der »Stolz und Vorurteil« nie wahrgenommen hat und folglich auch nicht dahingeschmolzen ist) sozial ein etwas ungemütlicher Fall, denn er ist in Gesellschaft ein wenig stockig, was einer heiteren Frau nach einer Zeit unheimlich auf den Kranz gehen kann. Dann hat er ein schwieriges Verhältnis zur Verwandtschaft, was nicht gut für die

Seele ist. Das weiß jeder, der schon mal mit einer fiesen Schwiegermutter zu tun hatte. Mr. Darcy ist natürlich nicht perfekt. Elizabeth weiß, was sie bekommt, wenn sie ihn heiratet. Aber das sieht die Zuschauerin oder Leserin nicht. Sie sieht einen Mann, der bereit ist, sich für die Liebe seines Lebens über alle Konventionen hinwegzusetzen.

Die wahre Liebe besteht nicht aus zwei perfekten Menschen. Sondern aus zwei Menschen mit dem einen oder anderen Fehler, die sich gegenseitig ergänzen. Saskia und Mats haben sich nicht ergänzt, sondern gegenseitig enttäuscht. Saskia wollte, dass der schöne, jugendliche Mats zum Mann wird, von dem sie immer geträumt hat, und Mats wollte, dass er ewig der jugendliche Mats bleiben darf. Keiner der beiden ist daran schuld, dass sie sich gegenseitig unglücklich machen.

»War ja klar, dass du das nicht hinbekommst«, sagte Saskia so, dass Mats es in der Küche hören konnte. Und Mats, der diesen aggressiven Unterton satthatte, schmiss das Brotmesser in die Ecke und rief: »Mach dir deinen Scheiß doch alleine. Und wenn du gehst, zieh die Tür hinter dir zu.« Er schnappte sich sein Rollbrett und fuhr irgendwohin, wahrscheinlich zu einem Kumpel, um ein bisschen zu zocken und ein Bier zu trinken.

Für Besucher ist es immer unangenehm, Zeuge eines Streits zu werden. Noch unangenehmer ist es, dem Ende einer Beziehung beizusitzen. Nachdem Mats die Tür effektvoll hinter sich zugeschmissen hatte, war klar, dass sich die ganze Illusion des »Irgendwie geht es schon« in diesem Moment in Luft auflöste. Mats konnte Saskia nicht das geben, was sie sich wünschte, und sie konnte Mats nichts geben, womit er etwas hätte anfangen können. Ich hielt Saskia im Arm, bis sie fertig geweint hatte, und führte sie dann die Treppe herunter bis zum Ausgang, wo sie mich mit ihren rot geweinten Raupenaugen ansah und sagte: »Es hätte eh nicht funktioniert, nicht wahr?«

»Nein, hätte es nicht«, bestätigte ich.

»Der arme Jakob«, sagte sie.

»Ich weiß nicht«, sagte ich.

Für Kinder sind Trennungen entsetzlich und beschissen. Aber ich bin da anderer Meinung als mein Vater, der mal zu einer Bekannten sagte: »Das macht man nicht, man trennt sich erst, wenn die Kinder aus dem Haus sind.« Kinder haben ein Recht darauf, echte, gesunde Beziehungen zu erleben. Weil es wichtig für sie ist, ein Verständnis dafür zu entwickeln, wie sich Liebe anfühlt. Ich kenne locker ein Dutzend Menschen, die sagen: »Ich wünschte, meine Eltern hätten sich getrennt. Ich habe meine ganzen schlanken Jahre damit verschwendet, Beziehungen zu führen, in denen die gleiche beschissene Spannung und die unterschwellige Aggression und Unzufriedenheit herrschte wie bei meinen Eltern. Einfach weil ich dachte, das sei normal.«

Kurz nach der Trennung von Saskia lernte Mats Thekla kennen. Ich sagte ihm, dass mich Thekla sehr an Saskia erinnere, aber er rief: »Nein, da irrst du dich! Vielleicht äußerlich, aber sie hat überhaupt keine Ansprüche an mich, sie nimmt mich genau so, wie ich bin!« Thekla war (und ist) eine süße, warmherzige Frau. In Mats' Vorstellung war sie Saskia minus die lästigen Ansprüche und

Hoffnungen, die ihn zwangsläufig in die Entwicklung gedrängt hätten, wäre er länger geblieben. Thekla war hingerissen von der Kraft und Dynamik dieses mittlerweile schon etwas in die Jahre gekommenen Mannes. »Er hat so etwas Jugendliches, findest du nicht?«, sagte sie mir eines Abends in einer Bar. »Und er ist wahnsinnig sexy!« So sexy, dass Thekla binnen kürzester Zeit schwanger war und kurz darauf feststellte, dass die Jugendlichkeit eher einer großen Bewegungslosigkeit glich.

Entwicklung muss man wollen. Es hilft nichts, einem Menschen das Messer auf die Brust zu setzen und zu verlangen: »Du musst an dir arbeiten, das ist nämlich viel besser für dich!« Wem sind schon die eigenen Fallstricke klar? Für Mats war das Verharren in der Jugendlichkeit seine Komfortzone, in der er sich sicher fühlte. Solange er auf seinem Skateboard rollte, konnte er sicher sein, dass er nicht auf den Berg musste, denn inzwischen hatte er eine höllische Angst vor der Kraft der Berglöwen. Wenn schon ein Jugendlicher große Schwierigkeiten dort oben hatte, wie viel mühsamer musste es erst für einen Mann in seinem Alter sein? Was er übersah, war eine einfache Rechnung: Wenn ein Jugendlicher ohne erkennbare Entwicklung alt wird, macht er sich zum Gespött. Ein männlicher Junge mit ergrauenden Schläfen, über den die Frauen lachen und den die wirklich Jungen irgendwann vom Brettchen schubsen werden, weil er keinen Platz mehr darauf hat. Was bleibt dann? Tattoos, immer buntere Hemden und immer jüngere Frauen, die den inneren Teenager nähren. Es ist tragisch. Und irgendwie liebenswert.

Nachdem auch die Beziehung mit Thekla auseinandergeflogen war, traf ich mich mit Mats auf ein paar Bier. »Ich verstehe euch Frauen nicht«, sagte er. »Findest du nicht, dass ich ein cooler Typ bin?«

»Doch«, sagte ich, »du bist sogar ein sehr cooler Typ. Aber du hast dich seit Jahren kein bisschen weiterbewegt. Es wäre schön, eine erwachsene Version von Mats kennenzulernen.« Wir stritten an dem Abend noch, weil er partout nicht verstehen wollte, was ich meinte. Kurz darauf riss er sich bei einem Sturz mit dem Skateboard die Kreuzbänder. Saskia und Thekla wechselten sich in der Pflege ab und fütterten ihn mit Grießbrei, wie sie es auch mit ihren Söhnen taten.

Was Sie aus diesem Kapitel gelernt haben sollten

Vorausgesetzt, Sie sind keine Berufspubertierende, sollten Sie die Finger von dieser Art Mann lassen. Er ist süß und lieb, er ist wirklich lustig, aber er kann und wird keine Verantwortung übernehmen. Das kann er höchstens mit einer Frau, die ihn mitten in der Krise kennenlernt – hätten sich Saskia und Thekla nicht sofort in ihre alten Rollen begeben, hätte Mats eine gute Chance gehabt, sich doch noch zusammenzureißen oder, auch das gibt es, nachzureifen und zu einem erwachsenen Kerl zu werden. Solche Männer brauchen eine Frau, die bereit ist, einen langen Zeitraum durch hüfthohen Seelenmatsch zu wandern. Es ist kein schöner Job, aber meistens steckt in Berufspubertierenden ein ganz fabelhafter, feingeistiger erwachsener Mann. Er ist nicht mal halb der Flachwurzler, der er vorgibt zu sein.

Wie doch noch eine gesunde Beziehung daraus wird.
Warum haben Frauen wie Saskia und Thekla Angst vor
einem erwachsenen Mann? Könnte er sie infrage stellen?
Könnte er ihnen sogar beweisen, dass auch sie Makel haben,
und zwar ganz gewaltige? Für Mats ist die Situation fast
einfacher: Solange er von niemandem zur Rechenschaft
gezogen wird, kann er seinen inneren Teenager ausleben,
wie er möchte. Er sollte sich seine männlichen Vorbilder
jedenfalls immer ganz genau anschauen. Nachzureifen ist
keine Schande, es nicht mal zu versuchen und als Berufs-
pubertierender dahinzusiechen aber schon. Lernen kann er
das nur in der Auseinandersetzung mit anderen erwach-
senen Männern – erwähnen Sie das ruhig ab und zu.

»Witzig, dass du das erzählst«, sagt Mimi. »Immer wenn
ich Mats treffe, bekomme ich Appetit auf Kartoffelbrei.
Manche Typen möchte ich einfach nur knuddeln, aus-
stopfen und auf meinen Nachttisch stellen.«

Je älter Mimi wird, desto mehr erinnert sie mich an
Beetlejuice, diesen Geist aus dem Tim-Burton-Film. Einmal, als Beetlejuice bei irgendeiner paranormalen Be-
hörde warten muss, klaut er dem Typen neben sich den
Zettel mit der Wartenummer. Der streut ihm dann zur
Strafe ein Pülverchen über den Kopf, das Beetlejuices
Schädel auf die Größe eines Schrumpfkopfes zusammen-
knittern lässt. Mimi kann das mit Männerhoden und nur
mit Worten machen, und ein ums andere Mal sage ich ihr,

dass das für eine erwachsene Frau mit gelegentlichen Bindungsabsichten kein ganz Erfolg versprechendes Konzept ist.

»Ich war heute bei Elise«, sage ich, um von Mimis Mumifikationswünschen abzulenken. »Du weißt doch, wer Elise ist?«

»Klar. Die hübsche Französin mit dem schlechten Männergeschmack.«

Und damit ist fast alles gesagt.

DER ACH-HÄTTE-ICH-DOCH-NICHT-MANN

Sex ist wie Schnee. Du weißt nie, wie viele Zentimeter du bekommst oder wie lange er hält. Sex hat aber, anders als Schnee, die ungute Eigenschaft, einem die Sinne zu vernebeln. Nehmen wir als Beispiel meine Freundin Elise. Elise ist Halbfranzösin und so süß wie ein Pain au Chocolat, das frisch aus dem Ofen kommt. Dieses herrlich feine Gebäck tat sich nun eines Tages mit einer deutschen Klappstulle mit dick Leberwurst drauf zusammen. Ich persönlich liebe Leberwurststullen, aber ich weiß, dass sie manchmal etwas gewöhnlich erscheinen mögen, was eine himmelschreiende Ungerechtigkeit ist. Schließlich gibt es tausend verschiedene Arten, eine Klappstulle zuzubereiten!

Elise liebt an Peter seine Beständigkeit, seinen trockenen Humor, seinen Hang zu schwerer Literatur und, ja, seine Pünktlichkeit. Peter arbeitet als Anwalt für Mietrecht und kann sich über ungerechte Vermieter ebenso aufregen wie über Graffiti an Hauswänden, die gerade liebevoll neu gestaltet worden waren. Als ich Peter zum ersten Mal Mimi vorstellte, sagte sie: »Pah, was für ein fader Langweiler!« Nur gerade so laut, dass Elise es nicht mitbekam. Mimi hat aber unrecht. Peter ist nicht fade, er ist nur frei von Abenteuerlust. Das ist ein Unterschied. Für ihn ist das Leben tatsächlich wie eine Pralinenschachtel. Er nimmt Stück für Stück aus der Packung und freut sich an jedem Trüffel, allerdings ohne darüber in Ekstase zu geraten. Er ist ein Mann, der seinen Frieden mit sich gefunden hat und Genuss im scheinbar Banalen findet. Für ihn ist die Wiederholung des immer Gleichen nichts Bedrohliches, sondern ein überaus erstrebenswerter Zustand, der es Peter erlaubt, tatsächlich im Hier und Jetzt zu leben.

Nach allem, was mir Elise über den Sex der beiden erzählt hat, kann ich mir ein Bild von ihm machen, wenn er mit einer Erektion gewappnet vor Elise steht. Korrekt, präzise, abschlussorientiert. Sie könne den Sex gar nicht mehr genießen, er sei zur Pflicht verkommen wie das Ausräumen der Geschirrspülmaschine, sagt sie.

»Hast du dabei dann Orgasmusprobleme?«, frage ich sie, als wir gemeinsam nach einem Hut für eine Hochzeit in Südfrankreich suchen. Es ist sehr schwer, einen passenden Hut zu finden, der affiger Hitze standhält und gleichzeitig nicht die Frisur darunter killt.

»Das nicht«, sagt sie und drückt sich eine Kreation aus blau gefärbtem Stroh aufs Haupt. »Aber manchmal denke ich, dass das noch nicht alles gewesen sein kann. Das Leben plätschert so dahin.« Für Elise stellt die Wiederholung des immer Gleichen eine Gefahr dar. Sie passt nicht zu ihrer Abenteuerlust, die ihr immer öfter zuflüstert: »Du musst mehr tun. Du bist noch nicht fertig.« Sie hat sich eingerichtet in ihrem Alltag und meist das

Gefühl, in Treibsand zu stecken: So wird sie nicht vorwärtskommen, sondern immer tiefer versinken, je mehr sie mit den Armen rudert.

Elise und Peter haben zwei Töchter, die dreizehn und fünfzehn Jahre alt sind. Sie sind Frauen, die gerade erblühen, und natürlich lieben sie ihren Vater abgöttisch. Für sie ist Peter eine absolut berechenbare Größe. Er ist immer für sie da, legt sich mit den Lehrern an, wenn Unrecht geschieht, und zeltet mit den Mädels gern an Orten, die man mit dem Fahrrad erreichen kann. Sonntags schmeißt er den Grill an und brät Würstchen mit dem gleichen Stolz, als hätte er mit bloßen Händen einen Zwölfender zu Boden gerungen. Das tut er bis heute mit der Beständigkeit einer handgefertigten Pendeluhr made in Switzerland. Bei aller Langeweile und Überraschungslosigkeit, die Elise an Peter bemängelt, genießt sie vor allem seine Fähigkeit, sie mit all ihren Fehlern, Marotten und Blödheiten zu akzeptieren und zu verehren. Sie weiß, dass die Fähigkeit zur Fehlertoleranz nicht sehr verbreitet ist, und ist gerührt, wenn Peter auf ihre Launen mit liebevoller Geduld reagiert. Zum ersten Mal im Leben hat sie das Gefühl, ganz und gar angenommen zu werden. Wenn sie ehrlich ist, fühlt sie sich ohne Peter klein und verloren und genießt die Stabilität, die totale Berechenbarkeit seiner Zuneigung.

Dennoch sind gegrillte Würstchen für Elise mittlerweile zur kläglichsten aller Speisen geworden. Sie kann den Geruch nicht mehr ertragen, weil er in ihr Fluchtimpulse auslöst. Heraus aus der bürgerlichen Enge ihrer Ehe, hinein ins Leben. Das, was Elise für das *wahre Leben* hält, befindet sich außerhalb ihrer Reichweite, denn es hat in ihrer Vorstellung nichts mit ihrem Alltag zu tun. Es sind Begegnungen mit fremdartigen Künstlern, Dinnerpartys mit aufregenden Kreativen, Rucksacktouren durch gefährliche Sumpfgebiete, Sex mit Männern, die sie mit der Kraft eines brünstigen Berggorillas gegen die nächste Wand werfen und zermalmen wie ein Vögelchen. Und wie jeder Mensch, der sich mit der Kraft des sehnlichsten Wunsches umsieht, wird Elise bald fündig. Der Berggorilla heißt Markus, sieht aus wie ein Mann (was nicht ganz stimmt: er sieht tatsächlich aus wie ein Gorilla, überall Haare), riecht wie ein Mann und schweigt wie ein Mann. Wahrscheinlich ist es für Elise deshalb schwer auszumachen, was für ein Charakter Markus hat; er spricht selten, sondern beschränkt sich im Wesentlichen aufs Vögeln. Und im Hormonrausch entscheidet sie, dass Markus der Mann ist, auf den sie all die Jahre gewartet hat. Sie zündet eine Handgranate, wirft sie mitten in ihre Familie und macht sich, als sich der Qualm gelegt hat, aus dem Staub.

Ich verurteile Elise nicht im Geringsten, ich habe auch gar kein Recht dazu. Manchmal ist das Herz so eng vor Angst und falscher Hoffnung, dass nur eine Handgranate hilft. Aber manchmal muss man das Leben so angehen wie Indiana Jones, als er vor den vielen Bechern steht und den Heiligen Gral herausfinden muss. »Wähle weise«, sagt der alte Kreuzritter zu ihm, und das tut Indiana Jones dann auch. Er nimmt den Kelch aus Blech, weil Jesus ein Handwerker war und sich schwerlich einen prunkvollen Becher aus Gold leisten konnte. Elise wählt nicht das Blech, sie wählt das Gold.

Charles Bukowski hat einmal geschrieben: »Von den meisten Ficks hat man nichts, es ist nur eine Quälerei, als würde man sich einen steilen, schlammigen Abhang hochquälen.« Für Elise muss sich die erste Nacht mit Markus angefühlt haben, als bekäme sie nach langem Durst endlich etwas zu trinken. Und dann kann sie gar nicht mehr aufhören. Elise macht den typischen Fehler der missachteten, frustrierten Ehefrau: Sie verwechselt einen multiplen Orgasmus mit echter Zuneigung und ist plötzlich bereit, alles aufzugeben.

Wenn ich an Markus denke, fällt mir immer so ein Witz ein:

Ein Mann und eine Frau sitzen beide in einer Bar und trinken ein paar Bier. Sie beginnen, miteinander zu reden, und stellen irgendwann fest, dass sie beide Ärzte sind. Nach ungefähr einer Stunde sagt der Typ zur Frau: »Hey, wie wäre es, wenn wir heute Nacht vögeln würden? Ganz ohne irgendwelche Verpflichtungen. Es wird einfach nur eine Nacht voller Spaß sein.« Die Ärztin stimmt dem zu. Also gehen sie in ihre Wohnung, und während er schon ins Schlafzimmer vorgeht, verschwindet sie ins Badezimmer und fängt an, sich die Arme und Hände abzurubbeln, als würde sie sich auf eine Operation vorbereiten. Das Ganze dauert bestimmt zehn Minuten. Schließlich kommt sie ins Schlafzimmer, und die beiden haben für eine Stunde Sex. Danach sagt der Mann zur Frau: »Du bist Chirurgin, stimmt's?« – »Ja«, sagt die Frau, woher wusstest du das?« Der Mann winkt ab: »Das konnte ich daran sehen, wie du dich abgeschrubbt hast, bevor wir losgelegt haben.« – »Ah«, sagt die Frau, »das macht Sinn. Du bist ein Anästhesist, richtig?« – »Richtig«, sagt der Mann, ein bisschen überrascht, »woher wusstest du das denn?« – »Weil ich gar nichts gespürt habe.«

Am mitreißendsten ist Markus, wenn er nicht da ist. Wenn ich mit ihm sprechen muss, komme ich mir immer ein wenig betäubt vor. Obwohl es manchmal wirklich praktisch ist, wenn man sein Gehirn gar nicht benutzen muss. Elise scheint sein Mangel an Intellekt nicht zu stören. Sie misst die Qualität ihrer Beziehung zu Markus an der Häufigkeit ihrer Orgasmen. Wenn ich anmerke, dass Markus möglicherweise nicht ihren intellektuellen Ansprüchen genügt und auch sonst ein ziemlicher Idiot ist, der in meiner Gegenwart bei mehr als einer Gelegenheit Menschen beschimpft hat, macht Elise eine wegwerfende Handbewegung und sagt: »Wirklich, wenn ich gewusst hätte, dass Sex so toll ist, ich hätte Peter vor Ewigkeiten verlassen.« Dann lässt sie sich von Markus den Hintern tätscheln und »geile Maus« nennen. Und ich bekomme plötzlich unheimlichen Appetit auf gegrillte Würstchen.

Sich sexuell auszuleben ist wichtig. Ich kann bis heute nicht verstehen, warum Menschen über ihre sexuelle Leidenschaft als »schönste Nebensache der Welt« sprechen. Wäre es eine Nebensache, würde es die Leute doch nicht so beschäftigen. Zur Maniküre gehen, den Komposthaufen pflegen, das Auto waschen – das sind Nebensachen. Sexualität ist ebenso wichtig für das menschliche Wohlbefinden wie Trinken, Essen, Schlafen und regelmäßiger Stuhlgang. Nimmt man nur eines davon weg, fühlt sich der Mensch bis in die letzte Zelle hinein unwohl. Garantiert!

In den nächsten Monaten beginnt Elise, sich unheimlich zu verändern. Sie trägt merkwürdige Kleider, in denen sie immer aussieht, als käme sie gerade von einer durchbumsten Nacht, sie lacht zu laut und an den falschen Stellen, und wann immer sich die Gelegenheit bietet, erzählt sie, wie unglaublich der Sex mit Markus ist. Und ich meine: wirklich bei jeder Gelegenheit.

In der Kirche während einer Hochzeit. Elise (flüsternd): »... und dann sagt er zu mir: ›Lass es uns einfach hier gleich machen, auf dem Tisch.‹ Und ich darauf: ›Aber das geht doch nicht, hier sind überall Leute.‹ Hat ihn aber nicht gestört. Nimmt einfach mein Höschen, zieht es mir runter und fängt an, mich zu befummeln. Und ich so plitschplatsch innerhalb von Sekunden, kannst du dir das vorstellen? Jedenfalls habe ich ihn dann rübergezogen in den anderen Raum, weil ich meine, das geht ja nicht, so in der Öffentlichkeit. Aber ich bin sicher, die haben das Donnern gegen die Wände trotzdem gehört. Ich weiß überhaupt nicht, wie oft ich gekommen bin.«

Bei einer Ausstellungseröffnung, zwei Monate später. Elise (vor einer Installation stehend, die aus einem sehr großen Knethaken, einem Besen und einem Putzlappen besteht): »Ich weiß wieder nicht, was das soll. Jetzt sag doch mal, was soll mir der Knethaken sagen? Wenn ich durchgeknetet werden will, dann sage ich einfach zu Markus: ›Du, Markus, es ist so weit, ich glaube, ich brauche heute eine doppelte Dosis an Sex‹ ...« Der Rest geht zum Glück im Geräuschpegel der Installation unter.

Das delikate Pain au Chocolat ist durch die Zugabe von ein bisschen Sperma zu einem labberigen Milchbrötchen verkommen, dessen Anblick Trauer und Sehnsucht nach ein paar Frischhaltebeuteln verursacht. Warum kann Elise über nichts anderes mehr sprechen als Sex? Weil Sex das Einzige ist, was ihre Beziehung zu Markus hergibt. Sie können nicht miteinander reden, weil er sich für nichts interessiert. Sie können nicht miteinander verreisen, weil Markus andere Länder idiotisch und uninteressant findet, sie können nicht mal miteinander Gäste bewirten, weil Markus sein Essen hauptsächlich aus Dosen bezieht. Und warum kann Elise nicht einfach gehen? Weil sie ein schlechtes Gewissen hat. Sie hat zugelassen, dass ein bisschen Gebumse ihre liebevolle Beziehung zu Peter zerstört hat, und nun muss sie sich beweisen, dass sie im Recht ist. Sie versucht, sich ihre Schuldgefühle wegvögeln zu lassen, und gerät dabei immer weiter in den Sog der sexuellen Unglaubwürdigkeit.

Elise will Liebe und Abenteuer und bekommt nichts als einen großen Penis. Damit wir uns nicht falsch verstehen: Penisse sind toll. Aber man kann auf ihnen kein Leben aufbauen, und das ist der Fehler, den Elise macht: Sie nimmt einen Penis und zwingt ihn, ihre Leere zu füllen. Und zwar nicht nur die in ihrer Vagina. Hätte sie gesagt: »Markus, lass uns einfach nur ein bisschen vögeln, damit ich mich wieder lebendig fühle«, wäre die Beziehung zwischen den beiden ehrlich gewesen. So aber ist sie ein Schauspiel. Kann Markus Elise geben, was sie braucht? Nein. Er kann ihr sein Sperma geben und das Gefühl, begehrenswert zu sein. Dazu hätte es genügt, Peter gegenüber ehrlich zu sein. Sie hätte ihm sagen können: »Peter, ich liebe dich, aber manchmal habe ich das Gefühl, mir fehlt etwas. Ich habe diesen Mann kennengelernt und würde gerne mit ihm schlafen. Vielleicht nicht nur einmal, sondern häufiger. Das bedroht meine Liebe zu dir überhaupt nicht, weil ich weiß, was ich an dir habe. Denkst du, du könntest das aushalten?« In diesem Fall hätte Peter eine Wahl gehabt. Verliere ich Elise lieber ganz, weil ich es unvorstellbar finde, dass ein anderer sie in den Armen hält (und in Peters Kopf wäre vielleicht von irgendwoher ein strenges »Das tut man aber nicht!« aufgetaucht)? Oder gestatte ich ihr, das, was ich ihr nicht geben kann, sich bei jemandem zu holen, der im Grunde keine Bedrohung darstellt, weil er ihr zwar einen Orgasmus, aber keine seelische Zufriedenheit bescheren kann? Wir erinnern uns: Nur in der Einheit der Grundbedürfnisse wird sich Elise wohlfühlen; das sind Trinken, Essen, Schlafen, Verdauung und Sex.

Moral ist kein guter Beziehungsratgeber. »Das tut man aber nicht« ist ein Leitsatz, der dazu geführt hat, dass Elise ihre Situation als unausweichlich empfunden hat. Das scheinbar Ungehörige des Liebhabers ließ sie glauben, dass sie keine andere Wahl hatte, als Peter gänzlich zu verlassen. Tatsächlich hat überlebte Moral im Leben des modernen Menschen nichts zu suchen, Ethik hingegen unbedingt. Ethisch wäre es gewesen, wenn Elise gesagt hätte: »Ich gönne mir und meinem Partner das bestmögliche Leben und die größtmögliche Ehrlichkeit. Und die Angst vor Schmerz darf mich nicht davon abhalten, denn dann wäre ich ein Feigling.« Ist es für die Töchter besser, eine Mutter zu haben, die stark und aufrichtig ist? Oder eine, die sich benimmt wie eine hormonumspülte Sechzehnjährige nach einer Klassenfahrt? Denn in diesem Fall können wir sicher sein: Elise liebt Peter. Sie weiß bloß keinen anderen Ausweg.

Die traurige Schachfigur in diesem Spiel ist Markus. Er dient als Bauernopfer für einen gescheiterten Lebensentwurf. Es ist nicht seine Schuld, dass die Beziehung zwischen Elise und Peter auseinandergegangen ist, denn er hat von Anfang an nichts anderes angeboten als seinen Schwanz. Tief in sich weiß er, dass Elise eine Nummer zu groß für ihn ist, aber es stört ihn nicht, weil er kein Konzept hat, in das sich Elise einfügen müsste. Sie hat ihn gezwungen, Beziehung zu spielen, und wenn er ehrlich ist, überfordert ihn das. Markus' perfekter Platz ist der eines Liebhabers, der mit Elise das Bett teilt, aber nicht das Leben. Der Druck, mehr sein zu müssen, höhlt ihn aus, und nach einer Weile verliert er seine sexuelle Spannkraft. Elise hat ihn erfolgreich kastriert.

»Neulich hat er nicht mal einen hochbekommen«, sagt sie mir eines Abends, »was stimmt nur nicht mit mir? Bin ich nicht attraktiv genug für ihn?« Sie zuppelt an ihrem albern kurzen Kleidchen wie an einem Zauberstab, als könne die Sichtbarkeit ihres Schoßes Markus seine Manneskraft zurückgeben. Natürlich ist das Problem ein systemisches. Elise, Peter und Markus sind Gefangene der immer noch gleichen Situation. Und solange keiner von ihnen die Wahrheit ausspricht, bleiben sie in ihren Rollen gefangen.

Elises Wahrheit ist am kompliziertesten, weil sie sich schrecklich schuldig fühlt. Sie lautet: »Ich weiß nicht, was ich will, und ich habe Angst, daran zu zerbrechen.« Elise muss auf verschiedene Fronten reagieren. Die ihres Umfeldes, das fragt: »Wieso hast du deine Familie verlassen?«, auf Peter, der fragt: »Was habe ich falsch gemacht?«, und auf sich selbst. In schwachen Momenten lautet ihre Wahrheit schlicht: »Ich bin verzweifelt und weiß nicht mehr weiter.« Manchmal ertappt sie sich bei dem Gedanken: »Ach, hätte ich doch nie diese Affäre angefangen!«

Peters Wahrheit ist auch nicht ganz einfach, weil er von Elises Entschluss wie aus dem Nichts getroffen wurde. Seine Wahrheit ist: »Ich habe doch alles richtig gemacht, und du hast mich trotzdem verlassen.« Er bezieht das Geschehen nicht auf sich, sondern auf Elises Disposition. Damit nimmt er ihrer Beziehung aber den Raum für Entwicklung, ohne es zu wollen.

Markus ist der Leichtigkeit am nächsten. Seine Wahrheit lautet: »Regelt euren Mist alleine.« Für ihn hat die Beziehung zu Elise von Anfang an eine vor allem körperliche Ebene gehabt, weil er für eine tiefer gehende Beziehung nicht die nötige Substanz hat. Jetzt, wo ihm die Potenz verloren gegangen ist, ahnt er, dass es Zeit wird zu gehen. Für ihn haben Frauen eine Halbwertszeit wie ein Schokoriegel. Wenn man ihn fragt, würde er sich als einsamer Cowboy beschreiben. Ohne es ironisch zu meinen.

Natürlich hat Elise Markus mit Bedacht ausgewählt. Markus ist ein Mann, der sich nicht binden und ihrer Beziehung zu Peter in Wahrheit nicht gefährlich werden kann. Markus kann nur vögeln. Noch nie hat er eine ausdauernde, reife Beziehung geführt, und eigentlich wäre es an der Zeit, sich zu fragen, warum er Intimität so sehr vermeidet. Sein Problem ist nicht sein Verhalten, das dem eines Sexsüchtigen gleicht. Sein Problem ist die Flucht vor Intimität. Die Sexsucht ist nur sein Fluchtmittel. Auch er hat sich Elise mit Bedacht ausgesucht – sie kann ihm nicht gefährlich werden, weil ihr Herz noch besetzt ist.

Da all dies nur im Unterbewusstsein abläuft, fühlen sich nach ein paar Monaten alle ungefähr gleich schlecht, ohne genau den Grund dafür benennen zu können. Dieses Gefühl nagt ihnen langsam das mickrige Fundament ab, auf dem sie stehen, und an einem sehr erleichternden Tag im Frühling purzeln die Bausteine durcheinander. Manche Menschen müssen erst in die Grube fallen, um zu verstehen, dass sie im Dreck stecken. Markus macht sich schnell aus dem Staub und hängt sich an eine zweite Elise, die gerade aus ihrer Ehe ausgebrochen ist. Elise und Peter wischen sich den Schmutz ab und fangen an, jedes Steinchen ihrer Beziehung umzudrehen. Momentan sind sie bei dem Augenblick angelangt, an dem sie zum ersten Mal Sex hatten – das Schokocroissant und die Leberwurststulle. Mit einem großen Glas Wasser passt das übrigens ganz gut zusammen.

Was Sie aus diesem Kapitel gelernt haben sollten
Manchmal kann guter Sex einen Menschen so verwirren, dass die Seele glaubt, sie sei verliebt. Es sind aber nur Hormone. Menschen, die sich aus festgefahrenen Beziehungen in sexuelle Abenteuer stürzen und dann glauben, die große Liebe auszuleben, sind kein totales Novum. Solche, die dann die cojones *haben, sich den Mist, aus dem sie kommen, genau anzusehen, aber schon. Es gibt Leute, die vor allem die Funktion haben, andere aus festgefahrenen Situ-*

ationen zu befreien, um für etwas Klarheit zu sorgen. Verwechseln Sie diese Funktion nicht mit echter Liebe. Bleiben Sie nicht bei ihnen. Andere brauchen sie auch noch.

Wie doch noch eine gesunde Beziehung daraus wird
Genießen Sie die Zeit, indem Sie über elementare Dinge nachdenken. Zum Beispiel, was für eine Beziehungsform für Sie die richtige ist. Und bitte: Machen Sie sich dabei völlig frei von moralischen Zwangsvorstellungen. Wenn Sie feststellen, dass eine traditionelle Beziehungsform Ihren Bedürfnissen nicht gerecht wird, dann stürzen Sie sich ins Abenteuer. Wichtig dabei ist, sich keinen Illusionen hinzugeben. Eine Liebschaft ist eine Liebschaft ist eine Liebschaft. Keine Partnerbeziehung.

Elise ist auf Markus' äußere Männlichkeit hereingefallen. Viel besser ist es natürlich, einen Mann nach seiner inneren Männlichkeit zu beurteilen. Vor allem, weil Frauen sehr leicht zu manipulieren sind. Bei den Pfauen genügt es zum Beispiel, wenn das Männchen mit den bunten Federn seines Schwanzes ein besonders hübsches Rad schlägt. Bei Menschen ist es so ähnlich.

SIEBEN DINGE, DIE EIN MANN ZU EINER FRAU SAGEN KANN, UM SIE GARANTIERT ZU BEKOMMEN

- »Ich weiß gar nicht, ob ich wirklich lieben kann.«
- »Nee, da kann ich nicht. Ich rufe dich irgendwann an.«
- »Trotz allem gibt es irgendwas, was mich an dir interessiert.«
- »Lass uns mal skypen.«
- »Bitte verlieb dich nicht in mich.«
- »Wir sollten das ganz, ganz langsam angehen lassen.«
- »Ich glaube, du bist der erste Mensch, zu dem ich richtig ehrlich sein kann.«

Na, erwischt? Es ist immer wieder erstaunlich. Da kann eine Frau noch so reflektiert, klug und intelligent sein, sobald ein interessanter Mann eine im Grunde affige Plattitüde wie »Verlieb dich bitte nicht in mich« von sich gibt, kann man davon ausgehen, dass besagter Frau ohne Umschweife das Hirn schmilzt und sie bereit ist, all die herrlichen Dinge über Bord zu werfen, die ihr das Leben bislang beigebracht hat. »Verlieb dich bitte nicht« ist der absoluter Killersatz für den weiblichen Willen, obwohl »Ich glaube, du bist der erste Mensch, zu dem ich richtig ehrlich sein kann« an Perfidie kaum zu übertreffen ist.

Verknallte Frauen sind wie ausgehungerte Kätzchen,

die sich mit Banalitäten vollsaugen wollen. Was kann eine vernünftige Frau schon mit »Lass uns mal skypen« anfangen? Leider sehr viel, weil so ein Satz die ganze Illusionsmaschine anwirft. Skypen bedeutet, er will mich sehen. Bedeutet, er findet mich schön. Bedeutet, er kann sich eine Beziehung mit mir vorstellen. Wie der Amerikaner sagt: »Well, that escalated quickly.« Und was bitte schön soll man mit einem Mann, der es bislang nicht geschafft hat, ehrlich zu sein? Ist es wichtig, dass er offensichtlich ein feiger Lügenbold oder ein billiger Manipulationskünstler ist? Scheinbar nicht. Es bedeutet, dass ich, ja ICH, die eine sein kann, die den verirrten Prinzen retten und ins Land der Träume schleifen kann!

Trotzdem schreiben mir viele Männer, dass sie Frauen nicht verstehen würden. »Für mich sind Frauen ein totales Rätsel«, hat mir Michael B. geschrieben, »ich versuche sie zu begreifen, aber ich komme einfach nicht dahinter, wie Frauen denken.« Da er nicht der Einzige ist, weiß ich nicht, was ich verwirrender finde. Dass Männer tatsächlich nicht blicken, auf welch winzige Fußfesseln die liebeswillige Frau hereinfällt. Oder dass Frauen solche Typen überhaupt haben wollen. Dafür, dass es massenweise Bücher zum Thema »So lernen Sie Ihren Traumprinzen kennen« gibt, scheint mir die Praxis noch kein Stück weitergekommen zu sein. Offensichtlich gibt es da in vielen Bereichen ein schwerwiegendes Kommunikationsproblem. Die Leute tun, als ginge es bei der Organisation eines Dates (und der möglichen, daraus resultierenden Beziehung oder Affäre) darum, die großen Rätsel der Welt zu lösen. Die Wahrheit ist natürlich, dass Männer wie Frauen ungefähr gleich leicht zu manipulieren sind, so sehr, dass sie sich von selbst auf den Rücken drehen und um Aufmerksamkeit hecheln wie ein junger Hund.

Intellektuell hat sich der Mensch in den letzten Jahrhunderten deutlich weiterentwickelt. Was seine emotionalen Grundbedürfnisse betrifft, hat sich nicht allzu viel geändert. Bloß weil ein Typ massenweise kleine Apparate mit Äpfeln drauf mit sich herumschleppt, bedeutet das nicht, dass er etwas anderes wollen würde als der Kerl, der mit einem Kleidchen aus Mammutfell vor seiner Höhle herumsteht und sich dabei lässig auf seine schicke Keule stützt. Ein Mann möchte jagen, und wenn er erfolgreich gejagt hat, möchte er dafür ausgiebig gelobt werden.

Sie können das gerne mal ausprobieren. Wenn ein Mann im Supermarkt war oder vom Markt zurückkommt und seine Beute auf den Tisch stellt – dann loben Sie ihn. Loben Sie ihn für seine Stärke (denn er hat die ganzen Tüten allein nach Hause geschleppt), für die Klugheit seiner Wahl (er hat wirklich schöne Tomaten ausgewählt) und für die Freude, die er Ihnen damit bereitet hat. Vergessen Sie dabei völlig, dass Sie derartige Leistungen jeden Tag fertigbringen. Das hier hat nichts mit Emanzipation zu tun, sondern mit dem Stillen eines urmännlichen Bedürfnisses. Loben Sie typisch männliche Eigenschaften wie Ausdauer, Kraft, Mut (vielleicht hat es ja gewittert), und meinen Sie das Lob ernst. Er hat ein Mammut erschlagen und Ihnen vor die Höhle gelegt, nur eben auf moderne Art. Vielleicht wird er am Anfang unwirsch reagieren: »Was soll denn das? Willst du mich verarschen?« Bleiben Sie trotzdem dabei. Nach ein paar Tagen oder Wochen wird sich eine Veränderung bemerkbar machen: Der Mann beginnt, stolz auf seine männlichen Eigenschaften zu sein.

Warum ist das wichtig? Wie schon gesagt: Die Männer, mit denen es wir zu tun haben, egal ob in Partnerschaften oder kurzen Affären, sind weitgehend vaterlos aufgewachsen. Es kann sein, dass sie Väter hatten, die zwar physisch anwesend, aber hauptsächlich mit einer Karriere beschäftigt waren. Doch eher häufiger als selten waren diese Väter selbst ohne Vater aufgewachsen (der Krieg liegt nicht so lange zurück) oder von traumatisierten Männern großgezogen worden, die alles taten, um zu vergessen. So oder so fehlt vielen unserer vergangenen, aktuellen oder zukünftigen Partner ein männliches Vorbild, an dem sie sich hätten orientieren können.

Der Mann in Deutschland ist etwas sehr Besonderes, weil Deutschland ein sehr wohlhabendes Land ist. Nach dem Krieg haben die Menschen versucht, so schnell wie möglich wieder Normalität herzustellen. Normalität ist wie ein Karton mit Fenstern drin, in dem man sitzen und rausgucken kann, und hat deshalb etwas so Tröstliches, weil sie einem Sicherheit durch totale Berechenbarkeit gibt. Wissenschaftler kennen dieses Verhalten aus nahezu allen Gesellschaften, die Kriege erlebt haben. Wer Normalität herstellt, schließt das Böse aus, das eben noch umgegangen war. In Deutschland (aber auch in Argentinien oder dem ehemaligen Jugoslawien, die allerdings beide deutlich ärmer sind) fanden nach dem Krieg auch ranghohe Nationalsozialisten wieder ihren Platz im Alltag, nicht wenige sogar in führenden Positionen. Damit einher ging ein Pakt, der viele Jahrzehnte gültig blieb: Scheiß du mich nicht an, dann scheiß ich dich auch nicht an.

Was ist die Folge? Die Folge ist, dass der Konkurrenzdruck, wie er für gewöhnlich unter Männern herrscht, ausgehebelt wurde. Wenn ein Manager bei, sagen wir: einem Chemieunternehmen versagte, wurde er weitergereicht in ein anderes Unternehmen. Wenn ein Lehrer seinen Job nicht gut machte, wurde er ohne weitere Maßnahmen an eine andere Schule versetzt. War ein Beamter ein fauler Sack, passierte gar nichts. Deutschland hat nicht von ungefähr einen riesigen Beamtenapparat. Während beispielsweise in den USA auf die Tatkraft des Einzelnen gesetzt und erwartet wurde, dass er das Beste aus sich machen würde, verkamen Deutschlands Mittel- und Oberschichtmänner zu Arbeitskräften, die immer weitergereicht wurden, auch im Falle des Versagens. Die enorme Härte, die in der Männerwelt natürlicherweise herrscht, bekamen sie nicht zu spüren. Außer natürlich jene, die in die Arbeiterklasse geboren wurde. Arbeitern geht es überall auf der Welt gleich miserabel.

Männer gehen miteinander um wie Löwen. Sie können faul in der Sonne herumliegen, solange sie jung sind, aber wenn der eine beginnt, auch nur den Hauch einer Schwäche zu zeigen, erwischen ihn ein paar Zähne an der Kehle und beißen zu. Den Vätern unserer Männer fehlt dieser Biss. Sie haben gelitten, aber anders; der männliche Schmerz dieser Generation war verzweifelter und stiller und wurde niemals thematisiert. An unserer Schule gab es einen Lehrer, ich nenne ihn mal Herrn Müller, obwohl das der Name unseres wahnsinnig liebenswerten Hausmeisters war, der lebende Beweis, dass man sich mit genügend Nikotin durchaus dauerhaft haltbar machen kann. Herr Müller war Chemielehrer, 1945 geboren und ein Pädagoge, als hätte ihn Hitler persönlich mit seiner Seele inkarniert. Er hasste so ziemlich jeden, besonders aber aufgeweckte Jungs und Mädchen, die es wagten, ihm zu widersprechen. Bevor er zu uns an die Schule kam, war er von zwei anderen Gymnasien geflogen. Einmal hatte er einem unaufmerksamen Schüler mit einem Zirkel in die Hand gestochen, ein anderes Mal fasste er einem Mädchen, das ein T-Shirt mit Italienlandkarte darauf anhatte, an die Brüste mit den Worten: »Hier war ich schon mal, und hier auch.« Anstatt in die Kehle gebissen und damit aus dem Schuldienst entfernt zu werden, wurde Herr Müller herumgereicht, denn es galt immer noch die Abmachung: Scheiß du mich nicht an, dann scheiß ich dich auch nicht an.

Das Beispiel mag banal wirken, aber ich mag es, weil es zeigt, dass männliches Verhalten in dieser Generation nicht trainiert wurde. Mit der Emanzipation, die in fast allen Punkten völlig richtig und wichtig war, wurde der letzte Funken des Mannseins, der hier und da noch aufgeflackert sein mag, ausgelöscht. Um sich das Ausmaß des männlichen Dramas hierzulande klarzumachen, muss man sich nur vor Augen halten, dass heute, in der globalisierten Welt, jederzeit ein Amerikaner, Kanadier, Japaner, Chinese oder was weiß ich kommen und sagen kann:

»Runter vom Stuhl, ich kann das besser!« Die Sicherheit ist längst aufgehoben, und die Männer stehen größtenteils verdutzt vor ihrem Kram im Büro und seufzen: »Aber ihr könnt mich doch hier nicht rausschmeißen! Das ist gemein!«

Es ist nicht ihre Schuld. Sie sind einfach nicht vorbereitet worden.

Wenn ich vom Mannsein spreche, dann meine ich übrigens keine grunzenden Typen, die nach etwas zu essen verlangen und ansonsten im Privatleben keinen Finger krümmen. Ich spreche von Menschen, die sich ihrer natürlichen Impulse bewusst und in der Lage sind, ihnen ohne Angst zu folgen. Männer sind anders als Frauen. Oder, um es mit Loriot zu sagen: »Männer sind … und Frauen auch. Überleg dir das mal!«

Eine der wenigen Domänen, in denen Männer sich noch sicher fühlen, ist die Jagd auf Frauen, wahrscheinlich, weil dies die ursprünglichste aller Tätigkeiten ist: Er erlegt ein Weib, damit er ihr ein Mammut vor die Füße werfen und ein gutes Dutzend Kinder machen kann. Da ich für die Rückführung des Mannes zu seinen ursprünglichen Kräften bin, finde ich es nur fair, den Männern diesen Bereich zu lassen. Ich gebe zu, dass es mir nicht immer leichtfällt, mich auf dieses Spiel einzulassen, aber wenn einem erst mal die Hintergründe und die Wichtigkeit des Ganzen klar sind, macht es sogar richtig Spaß.

Die goldene Grundregel lautet: Ein Reh, das sich direkt vor die Flinte stellt, erfreut den Jägersmann nicht im Geringsten. Darum gilt:

- Männer wollen animiert, nicht angesprochen werden.
- Frauen sollten das Date als Erste beenden.
- Mit dem Sex gern ein bisschen warten. Je länger er aushalten muss, desto weicher wird er.
- Männer, die nach drei Tagen nicht anrufen, sind nicht interessiert.
- Wenn ein Mann am Abend anruft, um direkt mit Ihnen auszugehen, ist die Chance groß, dass Sie nicht die Erste sind, die er angerufen hat. So kurzfristig haben Sie leider keine Zeit, denn Sie sind ein gefragter Typ.
- Nicht hinterhertelefonieren.
- Nicht beim ersten Läuten ans Telefon gehen, sonst wirkt es, als hätten Sie direkt daneben gewartet.
- Auf SMS nicht sofort antworten, WhatsApp ausschalten, E-Mails ruhen lassen. Sie sind einfach zu beschäftigt!
- Keine jammernden Facebook-Einträge, nichts Peinliches wie »Ich bin so allein. Wenn du auch allein bist, poste das. Ich bin gespannt, wie viele sich das trauen.« Damit beweisen Sie, dass Sie keine Frau sind, sondern ein kleines Mädchen. Das wiederum ist nur für eine bestimmte Klientel interessant.

Wie bei jedem vernünftigen Spiel geht es darum, das Spiel beherrschen zu lernen, damit das Spiel einen nicht zu beherrschen beginnt. Die wahre Freiheit beginnt erst, wenn man die komplizierte Phase der Anfangständelei überwunden hat. Unter uns: Manchmal beschleicht mich der Gedanke, dass ich sicher immer noch Jungfrau wäre, wenn ich mich an die Regeln gehalten hätte. Aber ich weiß, dass sie funktionieren. Idiotensicher. Nicht, dass es mir gefallen würde.

DAS GOLDNUGGET

Es ist einer dieser Abende, an denen ich eigentlich zum Sport will. Dann fällt mir das Telefon aus der Hand, vor Schreck verstecke ich meine Sportsachen, und dann muss ich mir auch noch eine Currywurst kaufen. Es ist schrecklich. Zum Glück ruft wenig später Berit an und sagt: »Komm doch bitte zum Abendessen, ich habe wieder viel zu viel gekocht.« Berit kocht immer so viel, als hielte sie im Schlafzimmer eine Zweitfamilie versteckt, deren Überleben von ihr abhängt. Ich mache mich schick und gehe hin, nur um festzustellen, dass Berit offenbar alle eingeladen hat, die sie liebt – wahrscheinlich ist die Zweitfamilie gerade im Urlaub. Vier Männer und drei Frauen sitzen um den Tisch und blicken mich erwartungsvoll an. Ich komme wie immer zu spät.

Es ist ein langsames Dinner, die Konversation zieht sich ebenso wie die Abfolge der Speisen hin. Berit verteilt Rotwein in die Gläser, als wäre es Wasser. Am Tisch sitzen vier Männer und vier Frauen, mich eingeschlossen. Die Männer wirken alle auf eine angenehme Art erwachsen. Jeder von ihnen legt Wert auf seine Kleidung, der Stoff der Oberhemden ist dick gewoben, nicht diese Fabrikware, die man sonst in Zweierpackungen bekommt. Mich erfreut der Anblick eines gepflegten Mannes. Es geht dabei nicht um Geld. Ich kenne Männer, die kaum einen Penny übrig haben und trotzdem auf sich achten. Sie kaufen gute Hemden in Secondhandläden und stören sich nicht daran, dass die Initialen des Vorbesitzers darauf zu sehen sind. In sorgfältig gefertigtem Gewebe fühlt man sich einfach anders. Es geht um Haltung. Die meisten Menschen haben sich abtrainiert, an scheinbar alltäglichen Dingen Freude zu empfinden. Sie kleiden sich nachlässig und kaufen bei Lidl anstatt auf dem Markt ein, einfach weil es praktischer ist. Dabei ist es auf dem Markt nicht teurer, man muss nur kurz vor Schluss hingehen und handeln.

Die Männer tragen also alle Hemd und Anzug, unterhaltsame Anzüge, nicht die graublauen Uniformen der *corporate bitches* mit ihren zu spitzen, schwarzen Kunstlederschuhen. Was sie beruflich machen? Till, Berits Mann, hat vor ein paar Jahren ein Unternehmen für Umwelttechnologie gegründet und sich mit einem Eco-Tec-Inkubator aus Los Angeles zusammengetan. Roland, der Freund von Anja, die neben mir sitzt, betreibt eine Galerie und gibt eine Zeitschrift heraus, Sebastian ist Chefredakteur bei einem großen Fernsehsender. Der Vierte, Karl, hat eine Agentur für Multimedia-Inhalte. Alle vier Männer sind starke Charaktere, die ihr Leben mit Lust leben, und haben die Art Humor, die mir gefällt.

»Die Kinder machen mich wahnsinnig«, sagt zum Beispiel Berit. Und Till erwidert: »Schlucken klingt jetzt doch nicht mehr so übel, was?«

Ich fühle mich wohl in der Runde. Bis zum Dessert ist es ein perfekter Abend, die Art Veranstaltung, bei der man nicht bemerkt, wie die Zeit vergeht, weil man keine Minute das Gefühl der Langeweile hat. Ich betrachte Till und Berit. Sie sind beide groß, schlank und auf eine schöne Art unterhaltsam. Berit ist gebildet und warmherzig, Till entscheidungsfreudig und zugewandt. Ich denke, dass beide der Prototyp der perfekten Paarbeziehung sind; Berit ist in dem Szenario die Idealfrau, Till der dazugehörende Idealmann. Manchmal kommt er nach Hause und bringt ihr Geschenke mit, er kümmert sich in seiner Freizeit um die Kinder und plant jedes Jahr große Reisen für die ganze Familie. Es gibt an ihm nichts auszusetzen. Auf einer Traummannskala von eins bis zehn muss ich ihm eine Zehn geben, alles andere wäre unfair.

Und dann, nach dem Dessert, passiert etwas, was an gemischten Abenden sehr häufig passiert. Die Gruppe teilt sich wie Moses das Wasser. Hätte es ein Herrenzimmer gegeben, so hätten sich die Männer garantiert dorthin zurückgezogen, um über Fußball zu sprechen und eine Zigarre zu rauchen. Aus Mangel daran gehen sie rüber ins Wohnzimmer, um dort über Sport zu sprechen (Rauchen ist verboten, aber ich kann hören, wie sie über die Schachweltmeisterschaft zwischen Anand und Carlsen reden, und anschließend über den FC Bayern München). Wir Frauen räumen derweil den Tisch ab, den Till und Roland zuvor gedeckt haben, und verziehen uns in die Küche, um zu schwatzen und abzuspülen. Es ist ein wenig wie in einem Film, der im frühen 20. Jahrhundert spielt. Aber machen wir uns nichts vor, wenn es ums

Abspülen geht, reißen sich Männer nicht gerade um einen Platz in der ersten Reihe. Sobald wir in der Küche sind, fällt von Berit und Anja jede Kultiviertheit ab, und sie fangen an, über ihre Männer zu lästern.

»Diese dämlichen Witze, die er immer macht«, sagt Berit, »das ist mir so peinlich.«

Ich erwähne, dass ich auf pubertäre Witze stehe, aber Berit bringt mich mit einer ärgerlichen Handbewegung zum Schweigen.

»Er ist so schrecklich unromantisch. Schon wieder hat er die Kerzen vergessen, obwohl ich es ihm aufgeschrieben habe.«

Anja sagt: »Genau wie meiner. Nie denkt er an Sachen, um die ich ihn bitte.« Die Unterhaltung steht plötzlich in krassem Gegensatz zu der tatsächlich romantischen Stimmung des Abends. Ein Dutzend Sätze, die alle mit »meine«, »nie«, »immer« und »es ist so anstrengend« beginnen, fliegen durch den Raum. Nebenbei wird das Bone-China-Porzellan wieder auf Hochglanz poliert und in die Schränke verräumt. Ein paar »Früher hat er immer« kommen hinterhergeflattert, ohne zu erwähnen, dass er vermutlich der Einzige war, der einfach so Geschenke mitgebracht hat. Würde die Küche in diesem Moment von einem Spion der für die Rechte des gemeinen Topmannes tätiger Scheidungsanwälte abgehört, die Herren draußen hätten leichtes Spiel, aus diesen Ehen kostenfrei auszutreten.

Plötzlich wird mir klar, dass diese Frauen über ihre erstklassigen Männer reden, als wären sie geistig Behinderte. Kleine, dümmliche Buben, leicht zu verwalten.

Ein bisschen nervig, aber bitte, man ist ja leidensfähig als Frau. Das Erstaunliche ist, dass es sich hier nicht um Idioten handelt, sondern um Typen, für die ein exklusives Datingportal und der Dalai Lama gleichzeitig, ohne zu zögern, Werbung machen würden. Was sagt das über die Frau aus, die ihren Partner für einen ziemlichen Jammerlappen hält? Haben wir immer die Männer, die wir verdienen?

Vor ein paar Jahren hatte ich eine Beziehung zu einem Mann, der im Schlamm der Großstadtmänner ein richtiges Goldnugget war. Als ich ihn herausfischte, dachte ich, halleluja, das Ding ist so riesig, davon kaufe ich mir eine Farm in Utah. Sinnbildlich gesprochen. Tatsächlich war dieses Goldnugget so groß, dass ich es kaum aufs Pferd bekam. Er leitete ein gut gehendes Biotechunternehmen, das in den USA und China große Erfolge auf dem Sektor der Weltrettung feierte. Er war charmant, klug und unheimlich witzig. Er war warmherzig. Er hatte eine Familie, in die man sofort einheiraten wollte. Tatsächlich hätte ich seine Familie zur Not auch ohne ihn genommen, so großartige Leute waren das. Er hatte tolle, kluge und interessante Freunde, und er verbrachte seine Zeit mit Hobbys, die mich um ein Haar mein Leben kosteten. Es ist nämlich unheimlich schwierig für jemanden, der nicht räumlich sehen kann, mit vollem Tempo auf einem Rad Berge herunterzufahren, und ich bin bis heute dankbar für dieses Gestrüpp, das meinen Sturz damals noch vor dem Abhang abgefangen hat. Es stellte sich leider schnell heraus, dass ich aufgrund meiner kleinen Sehschwäche auch nicht für Freeclimbing oder Kitesurfing geeignet bin, weil es bei beiden Beschäftigungen unheimlich doof ist, wenn man ständig danebengreift. Der Sex? Phantastisch. Das lag vor allem daran, dass wir zusammen so viel lachen konnten. Wirklich, Sex und Gelächter passen phantastisch zusammen, und ich habe mich immer gefragt (und tue es immer noch), welches von beiden wichtiger ist.

Dann, nach ungefähr acht Wochen, lud er mich ein, mit ihm nach Paris zu kommen. Er sei dort auf einem Kongress, und ob ich nicht Lust hätte mitzukommen? Natürlich hatte ich Lust. Wir stiegen in einem dieser nachhaltig designten Hotels ab, und das Zimmer roch, als hätte es jemand kurz vorher an einen Karibikstrand geschleppt, es ein bisschen durchlüften lassen und dann wieder zurückgebracht. Nur, damit wir diesen warmen, köstlichen Duft aufnehmen können. Fünf Minuten nach unserer Ankunft hatten wir Sex. Wir vögelten nicht, wir machten Liebe. Anders kann ich es nicht sagen. Ich heulte wie ein Schlosshund vor Glückseligkeit und genierte mich dafür, ohne sagen zu können, warum. Am nächsten Tag liefen wir durch die Stadt. Das volle Programm. Jardin des Tuileries, Montparnasse, Champs-Élysées. Unter dem Triumphbogen sah er mich plötzlich auf eine Art an, dass mir der Magen in die Hose rutschte. Plötzlich hatte ich unheimlich Schiss, dass er in die Tasche greifen, einen Ring herausziehen und sagen würde: »Das ist es jetzt. Du bist eingefangen. Ich bin dein Riesengoldnugget, um das dich alle beneiden werden, und zwar völlig zu Recht.« Doch das tat er nicht, und der Moment verflog. Aber der Gedanke blieb haften. Mit einem Mal war meine Leichtigkeit verschwunden, und ich hatte Angst.

Wie andere Frauen in meinem Alter bin ich hauptsächlich durch Hollywoodfilme sozialisiert. Obwohl ich es besser weiß, habe ich unterbewusst die Hoffnung, auf erträglich dramatischem Weg einen Helden kennenzulernen, der mich in der ganzen Struppigkeit meiner Seele erkennt und liebt, ungefähr so wie Jack Dawson aus »Titanic«. Einen, der auch noch abenteuerlustig, stark und männlich ist wie Jack T. Colton aus »Auf der Jagd nach dem grünen Diamanten« – vielleicht hätte ich einfach nach einem Typen namens Jack suchen sollen. Das Leben ist nicht so. Mein Mann in Paris hieß nicht Jack, und er war sehr real. Aber er war nah dran an einem Hollywoodfilm. Zum ersten Mal fühlte ich mich, als würde mir dieser Mann all die Last und die Angst und die Schwere abnehmen, die ich im Laufe meines Lebens so angehäuft hatte. Meine logische Reaktion darauf? Blankes Entsetzen.

Was für einen Eindruck muss das Goldnugget von mir bekommen haben? Es muss sich gedacht haben: »Ich tue alles für sie. Ich bin alles, wovon sie immer geträumt hat, und trotzdem genüge ich nicht.« Dämlich, was?

Tja. Ich gebe das nur zu bedenken, weil es genau das ist, was Berit und Anja (und viele Frauen da draußen) gerade machen: Sie verwenden unheimlich viel Energie darauf, das Haar in der perfekten Suppe zu finden. Wenn eine Frau einen Mann ständig mit seinen Fehlern konfrontiert, erreicht sie gar nichts, außer dass er irgendwann sagt: »Meine Alte geht mir unheimlich auf den Sack.« In solchen Beziehungen geht das freundlich Zugewandte verloren, es weicht einer narzisstischen Kälte, die sich langsam in den Organismus frisst. Die meisten Männer gehen übrigens davon aus, dass es genügt, wenn sie einen wesentlichen Teil zum Lebensunterhalt beitragen. Eine Frau, die dieses Wissen im Hinterkopf behält, lebt wesentlich entspannter – weil die ständige Enttäuschung einfach wegfällt.

Trotz Emanzipation und aller Bemühungen um Gleichberechtigung gibt es unheimlich viele Frauen, die völlig fixiert auf Männer sind. Sie schreiben mir Dinge wie: »Wenn ich einen Mann hätte, dann wäre wirklich alles gut.« Oder: »Ich lebe seit Monaten ohne Vorhänge, denn ohne Mann kann ich die ja nicht montieren.« Das klingt wie ein Witz, ist es aber nicht. Frauen verbringen zu wenig Zeit damit, sich selbst zu zeigen, was sie ohne Partner alles bewerkstelligen können. Ich empfehle, eine Liste anzufertigen mit der Überschrift »Mein Leben – ein Best-of meiner brillanten Fähigkeiten«. Dann schreiben Sie noch den Unterpunkt dazu: »Das kann ich alles tun, und zwar ganz ohne Mann«, einfach um den Blick zu schärfen. Und anschließend schreiben Sie auf, wofür Sie einen Partner brauchen. Sie werden feststellen, dass die letzte Liste ziemlich kurz sein wird. Ein Partner ist niemals dazu da, die eigenen Defizite aufzuwiegen. Das zu verlangen wäre unmenschlich.

Was das Goldnugget betrifft, so hat es das getan, was alle Nuggets tun, wenn man sie in den Fluss zurückwirft. Es ist weitergetrudelt und in einem anderen Sieb gelandet. Ich trauere ihm nicht hinterher. Manchmal ist man zu jung, um mit so viel Reichtum umgehen zu können.

Jeder erfahrene Goldgräber weiß, dass Nuggets von der Größe und Reinheit selten sind. Solche Brocken gibt es nicht häufig, und wenn, dann ist das Gebalge groß. Von allen Männern da draußen (und allen Frauen, seien wir ehrlich) kommen vielleicht fünfzehn Prozent an diese Herrlichkeit heran. Alle anderen haben ihre Kitschen und Macken, was natürlich nicht schlimm ist, solange man weiß, wie man auch kleine Klumpen zum Glänzen bringt. Widmen wir uns also wieder den anderen.

Was Sie aus diesem Kapitel gelernt haben sollten
Sich mit einem richtigen Hecht einzulassen erfordert Mut. Komisch, denn eigentlich hat eine Frau von so einem Mann nichts zu befürchten, außer, dass er sie infrage stellen könnte. Und zwar nicht nur als Person, sondern auch in ihrem Beziehungsverhalten. Wer zu feige ist, dem Goldnugget auf Augenhöhe zu begegnen, ist verloren.

Wie doch noch eine gesunde Beziehung daraus wird
Viele Frauen weigern sich trotz fortgeschrittenen Alters, erwachsen zu werden. Aber hier bietet sich eine Eins-a-Entwicklungschance. Dafür muss das Prinzessinnengehabe jedoch draußen bleiben. Geben und Nehmen in gleichem Maße. Eigentlich genau das, wovon alle Frauen träumen.

»Gibt's endlich mal wieder was zu tun?«, fragt Mimi und setzt sich direkt neben meinen Schreibtisch, um mir über die Schulter auf meinen Bildschirm zu lugen. Manchmal bedaure ich es, mit ihr ein Büro zu teilen.

»Ich weiß nicht, wie es bei dir ist, aber ich muss noch diesen Text zu Ende schreiben, und anschließend gehe ich ins Bad und mache mich fertig. Ich bin mit Nadja bei Louie's verabredet.«

»Waaaaas!«, ruft Mimi und presst die Hände auf ihre Brust, als würde sie gleich einen Herzinfarkt bekommen. »Du gehst ohne mich zu Louie's? Auch du, mein Sohn Brutus! Du bist echt das Letzte.« Wenn ich in unserem kleinen Ghostbuster-Szenario Dr. Peter Venkman bin, ist sie Dr. Raymond Stantz. Vom Ansatz her fachlich gut, aber irgendwie immer ein bisschen über das Ziel hinaus.

»Erstens kannst du Nadja nicht leiden. Zweitens kommt sie mit ihrem unerträglichen Freund. Ich glaube nicht, dass du da besonders gute Stimmung verbreiten würdest.«

»Also erstens«, schnaubt Mimi, »kannst du Nadja auch nicht leiden. Zweitens hasst du diesen Typen. Und drittens dachte ich, dass die beiden längst getrennt sind. Und viertens bin ich irre geduldig, das weißt du genau!«

»Ich kann sie nicht nicht leiden, ich finde sie nur ein bisschen oberflächlich, dabei aber ganz lustig«, sage ich. »Und ja, den Typen kann ich wirklich nicht leiden. Aber ich befinde mich auf Trauermission. Ich muss einer Beziehung beim Sterben zusehen, Nadja sagt, sie braucht mich als Klageweib.«

»Geritzt«, sagt Mimi, »ich fahr nur schnell nach Hause und ziehe mich um.«

DER MACHO (DIE BUSINESS-VERSION)

Als wir zu Louie's kommen, ist der Tisch schon fast belegt. André, der idiotische Freund von Nadja, sitzt auf einem der mittleren Plätze und fuchtelt mit den Armen. Er ist der Idi Amin aller Beziehungen, ein Schwein und ein Macho, wie er im Buche steht. Wenn er mit einer Frau fertig ist, ist sie verstümmelt und kaum wiederzuerkennen. Mit Nadja ist er fast fertig. Das weiß sie selbst.

Nadja ist eine mittelmäßig bekannte, mittelmäßig erfolgreiche Schauspielerin Mitte dreißig, die behauptet Ende zwanzig zu sein. Die Lüge erhält sie aufrecht mit einer Menge Botox, Hyaluronsäure und Silikon, was dazu führt, dass sie nicht wie eine verzweifelte Schauspielerin aussieht, sondern wie ein Transvestit Mitte vierzig. Ich habe mal versucht, ihr das liebevoll zu erklären, aber sie will nicht auf mich hören. Von Nadja abgesehen, verstehe ich diesen weiblichen Verstümmelungswunsch nicht. Wenn ich mich bei Louie's umsehe, sehen zwei Drittel aller Frauen aus, als wären sie bei der Geburt voneinander getrennt worden – überall die gleichen starren Visagen.

Und die Körper erst. Vor Kurzem habe ich »Germany's Next Topmodel« gesehen. Zu meiner Verteidigung kann ich auch nicht behaupten, ich sei beim Aufräumen zufällig auf die Fernbedienung gefallen, nein, ich habe den Fernseher ganz bewusst eingeschaltet. Eine der Kandidatinnen, stand in der Zeitung, habe Kopfläuse. Das musste ich sehen. Weil mich nämlich die Sache mit den Kopfläusen so herrlich an meine Kindheit erinnerte, als ich damals aus dem Ferienlager kam und mir der Kopf so kurz geschoren wurde, dass man die Kopfhaut sehen konnte. Es war kein sehr gutes Lager, muss man sagen, und was den liebevollen Umgang miteinander anging, ungefähr das Gleiche wie »Germany's Next Topmodel«. Zu Essen gab es nämlich auch nichts.

In dieser Fernsehsendung laufen eine Menge ungepflückter Mädchen herum, bei deren Anblick ich sofort eine Wagenladung Butterstullen schmieren möchte. Ich kann nur ein einziges Mädchen sehen, das nicht komplett anorektisch unterwegs ist. Ich habe ihren Namen vergessen, mir aber ihr Gesicht gemerkt, weil Heidi Klum ständig auf ihr herumhackte, sie esse zu viel, sei zu fett und mache zu wenig Sport. Zum Abschluss der Sendung wurde bei dem Mädchen der Hüftumfang gemessen, denn sie hatte inzwischen angefangen Sport zu treiben. Nun war es aber so, dass ihr Hüftumfang vor dem Sport achtundneunzig Zentimeter betragen hatte – und nun hundert. Einhundert! Die Gesichter der Jurymitglieder sahen so enttäuscht aus, als hätte man ihnen gerade die Moderationsfloskeln weggenommen.

Ich erinnere mich, als ich einhundert Zentimeter Hüftumfang hatte. Damals trug ich Jeansgröße 28, und meine Mitschüler beschuldigten mich der Magersucht. Sogar meine Lehrerin nahm mich zur Seite und fragte mich, ob alles okay sei und wie es zu Hause so laufe, und versicherte mir, dass ich immer zu ihr kommen könne. Ich war so sauer, dass ich Heidi Klum am liebsten das Gedärm aus dem dürren Arsch gerissen hätte.

Doch zurück ins Louie's. Mit am Tisch jedenfalls sitzen ein sehr bekannter Filmproduzent, seine Modelfreundin und ein paar andere Leute, die alle aussehen, als müssten sie sich am Ende des Monats weder um die Miete noch um persönliche Claqueure Gedanken machen. Wir spielen eine Runde »Mein rechter, rechter Platz ist frei«, und ich lande direkt neben Nadja. Mimi fixiert derweil André und kommentiert jede seiner Ausführungen mit abfälligen Geräuschen. Das klingt ungefähr so:

André (nennt den Namen eines sehr bekannten Regisseurs): »Ihr wisst ja, mir macht keiner so leicht was vor. Er kommt also in mein Büro, beugt sich über meinen Schreibtisch und sagt: ›Mein Drehbuch war aber besser, und das wissen Sie auch.‹ Und ich sage: ›Ihr Drehbuch ist gut, wenn ich es sage. Das ist übrigens der Moment, in dem Sie gehen.‹ Ihr hättet mal sein Gesicht sehen sollen!« Er lacht, dass sein Gaumensegel zu sehen ist. Die anderen lachen mit.

Mimi (mit grollender Stimme): »Freundchen, Freundchen, komm du mir mal in die Finger.«

Zum Glück ist es so laut, das er nichts mitbekommt, und ich tätschele Nadja freundlich den Arm. »Und du«, sage ich, »wie geht's dir denn so? Du siehst so, ähm, neu aus.« Tatsächlich ist irgendwas an Nadjas Gesicht anders als beim letzten Mal. Ist es die Nase? Die Augen? Die Stirn?

»Ach«, sagt sie, »ich bin nur viel spazieren gegangen und habe den Zucker weggelassen.« Das sagt sie jedes Mal. Wahrscheinlich lügt sie nicht mal; sie ist bis zum Schönheitschirurgen gegangen und hat sich danach kein Eis gekauft.

»Du klangst so traurig am Telefon«, sage ich. »Ist alles okay?«

Sie zuckt mit den Schultern. »Glaub schon. Aber jetzt kann ich eh nicht drüber reden. André hat heute einen großen Deal abgeschlossen, das sollten wir erst mal feiern!« Sie ist wirklich putzig. Für den lieben André hat sie in den letzten fünf Jahren ihre Karriere einschlafen lassen, weil sie damit beschäftigt war, ihn auf Empfänge zu begleiten, und immer gehofft hat, dass er sie Richtung Hollywood mitschleift, was aber nie passiert ist. Sie ist für ihn längst unattraktiv geworden, weil sie ihn zu sehr bewundert, und ich könnte schwören, dass seine Hand gelegentlich auf dem Schenkel der blonden Schönheit neben ihm zu ruhen kommt. Einen kurzen Moment kommt Bewegung in die Runde, als der Kellner die Bestellungen aufnimmt. Das Model zögert, was sie nehmen soll, aber netterweise ist ihr der Produzent behilflich: »Sie nimmt einen Salat, Dressing extra.« Für sich selbst bestellt er ein Wiener Schnitzel mit extra Kartoffelsalat. Als der Kellner Nadja fragt, ob sie schon entschieden habe, sagt sie: »Eigentlich habe ich gar keinen Hunger.« Auch das sagt sie meistens. Ich kann mich nicht erinnern, Nadja jemals essen gesehen zu haben. Ich meine, irgendetwas muss sie essen, sonst wäre sie tot. Wahrscheinlich schiebt sie sich auf der Toilette heimlich Reiscracker rein, die sie in ihrer

Handtasche aufbewahrt. André tätschelt ihr die magere Leibesmitte und sagt: »Hast ja eh ein bisschen wenig Sport gemacht in letzter Zeit.« Was hier passiert, ist natürlich nichts anderes als emotionale Zuhälterei. Je weiter André sich von ihr entfernt, desto attraktiver versucht sie sich zu machen: dünner, jünger, appetitlicher. Tatsächlich ist von Nadja kaum noch etwas vorhanden; würde ich sie heftig umarmen, könnte ich sie mit etwas Nachdruck in zwei Stücke zerbrechen. André kann sie so lange benutzen, wie sie ihn bewundert, aber jetzt, nach ein paar Jahren, ist es Zeit, sich umzusehen. Er lässt sie emotional verhungern, sie macht das Gleiche mit ihrem Körper.

Ich kenne nicht wenige Frauen, die ihren Körper als Argument für eine Beziehung einsetzen. Eine zum Beispiel, die auf einem Grillabend ihre Speisen hin und her schob, sagte mir: »Ich würde ja gerne essen. Aber der Carsten mag es, wenn ich so dünn bin.« Und wir reden hier nicht von sportlicher Schlankheit. Sondern von Frauen, die so dünn sind, dass sie es wahrscheinlich nicht mal bis in den vierten Stock schaffen, ohne ernsthaft einer Ohnmacht nahe zu sein, weil ihr Körper so geschwächt ist.

Frauen, die keine Kraft haben, laufen Gefahr, Männern die Kontrolle über ihr Leben zu geben.

Es gibt natürlich auch andere Formen der Selbstzerstörung und Gründe, sich in eine Magersucht zu begeben. Aber in Nadjas Fall ist mir die Sache klar. André will eine Frau, die er kontrollieren kann. Und Nadja gestattet ihm die vollständige Unterdrückung. Das ist der Deal, den sie geschlossen haben. Und was kann für eine Frau demütigender sein, als ihr das Frausein abzusprechen? André hat sie in einen knabenhaften, kindlichen Körper gezwungen, sodass sie irgendwann nach einem Sitzkissen fragt, weil ihr die Bank trotz Polster die Knochen tief ins Fleisch bohrt. Andrés Aufmerksamkeit beschränkt sich inzwischen auf wenige Befehle, die sie dann sorgsam ausführt.

»Trink nicht so viel!«

»Dein Lippenstift ist verschmiert!«

»Lach nicht so künstlich!«

»Nimm deine Hand von meinem Bein, du hast schwitzige Handflächen!«

Er und der Filmproduzent verstehen sich prächtig. »Geh du mal mit ihr aufs Klo«, sagt er zu seiner Modelfreundin, »zeig ihr mal, wie man sich richtig schminkt!«

Mimis Fingerknöchel werden weiß, so fest ballt sich ihre Faust. Ich nehme Nadjas Hand und zwinge sie aufzustehen. »Wir gehen mal eine rauchen«, sage ich.

»Nadja raucht nicht«, sagt André.

»Jetzt schon«, sagt Mimi und wirft ihm einen Blick zu, der andere Leute versteinert hätte.

Draußen ist es angenehm ruhig. »Ich dachte, du rauchst nicht mehr«, sagt Nadja. »Tue ich auch nicht«, sage ich. »Nadja, was zur Hölle lässt du mit dir machen?« Sie zuckt mit den Schultern und fängt an zu heulen, und das ist wahrscheinlich das Ehrlichste, was sie an diesem Abend macht.

Irgendwie schaffe ich es, Mimi über den Abend zu bringen, ohne dass sie André oder dem Filmproduzenten an die Gurgel geht. Zum Abschied flüstert mir Nadja zu: »Zu Hause ist er ganz anders«, und ich weiß, dass das sogar stimmt. Es gibt nämlich noch einen André, der zu Hause in Nadjas Wohnung vor ihr kniet, sie umklammert und sie anfleht, ihn nicht zu verlassen. »Ich liebe dich, das musst du mir glauben«, sagt er dann, »ich weiß auch nicht, was mit mir los ist. Wahrscheinlich habe ich es einfach nicht gelernt, Gefühle zu zeigen.«

Für ihn sind diese Geständnisse eine Erleichterung. Sie entlassen ihn aus der unmittelbaren Verantwortung (er hat es schließlich nicht gelernt, Gefühle zu zeigen) und geben ihm die Sicherheit der gelungenen emotionalen Erpressung (er ist der Welpe, der ruft: Bitte verlass mich nicht, ich bin wehrlos ohne dich! Ich liebe dich!). Für Nadja sind sie beide ein Zimmer, zu dessen Tür nur er den Schlüssel besitzt. Verlässt sie ihn, weil er sie schäbig behandelt, macht sie sich schuldig, indem sie den wehrlosen Welpen im Stich lässt und ihm die Chance auf Entwicklung verwehrt. Das wäre einfach ungerecht, nicht wahr?

Der Beziehung zwischen André und Nadja liegt ein grundlegendes Missverständnis zugrunde. Sie wollte einen Mann, der ihr nicht nur wirtschaftliche Sicherheit zu geben imstande ist, sondern auch ihrer lahmenden Karriere den erfrischenden Tritt geben kann; schließlich ist er in der Filmbranche eine führende Persönlichkeit. André wollte eine hübsche, junge Frau, die repräsentative Qualitäten erfüllen kann und ansonsten nicht zu viele Ansprüche stellt. Mit anderen Worten: Sie ist seine Dekoration, er aber ihre Säule.

Was wissen wir von Andrés Eltern? Nach allem, was er Nadja erzählt hat, scheinen sich seine Eltern nicht besonders gemocht zu haben. Mit elf kommt er in ein Internat und darf nur in den Sommer- und Weihnachtsferien nach Hause, wenn ein gemeinsamer Urlaub ansteht, der allerdings eher dazu dient, die Nachbarn neidisch zu machen. Er besteht sein Abitur als Jahrgangsbester, und als er nach Berlin zieht, bleibt ihm vor allem der Satz seiner Mutter im Sinn: »Du bist genau wie dein Vater!«

Nadja hingegen kommt aus einer kleinen Stadt. Die Eltern, ein Lehrerpaar, schätzen sich sehr und bemühen sich, ihren Kindern ein geborgenes Heim zu geben. Als Nadja den Wunsch äußert, Schauspielerin zu werden, unterstützen sie ihre Tochter sehr. Aber sie machen einen entscheidenden Fehler. Sie bereiten Nadja nicht darauf vor, dass Schauspielerei ein schmutziges Gewerbe ist, in dem eher häufig als selten der Körper, der sich am besten verkaufen kann, in die Jobs gehoben wird. Nadja hat von Verkaufen aber nicht die geringste Ahnung. Als sie einmal als Kind einen Flohmarkt veranstaltete, knöpfte ihr ein Mann für zehn Mark ihr gesamtes Playmobil ab. Sie ist verdutzt über die Härte, die in der Arbeitswelt herrscht, und glaubt, was die Produzenten ihr sagen: »Du bist nicht schön genug. Wir brauchen jemanden, der die Zuschauer fesseln kann.« Was für einen Mann verdient sie, wenn sie nicht schön genug ist und die Zuschauer nicht fesseln kann? Als André sich für sie zu interessieren beginnt, ist das Gefühl, das in ihr aufsteigt, eher Dankbarkeit als Liebe. Auch André ist zufrieden: Seine Aggressionen müssen sich nun nicht mehr gegen ihn selbst richten.

Zwei Wochen nach dem Essen ruft eines Abends Nadja an. Sie weint. So sehr, dass ich sie kaum verstehen kann und das Telefon gegen mein Ohr pressen muss, um überhaupt etwas zu hören.

»Er hat Schluss gemacht«, sagt sie, nachdem sie sich etwas beruhigt hat. »Gestern Abend kam eine SMS.«

»Was für eine SMS?«, frage ich, obwohl ich genau weiß, was sie meint. »Du meinst, er hat dir geschrieben, weil er sich mit dir treffen wollte?« Es ist ein plumper Versuch, die Wahrheit noch ein bisschen hinauszuzögern.

»Nein, um mit mir Schluss zu machen!« Sie schreit jetzt fast. »Er hat geschrieben: Liebe Nadja, tut mir leid. Wir hatten eine gute Zeit, aber ich will nicht mehr. Irgendwie suche ich was anderes. Sei mir nicht böse, du weißt ja, ich kann so was nicht anders.«

»Ha!«, entfährt es mir, als hätte ich das schon lange geahnt. Arschloch bleibt Arschloch. Aber dieses Kaliber hat wirklich niemand verdient. »Es tut mir so leid.«

»Danke. Wollen wir was trinken gehen?«

»Natürlich.« Manchmal ist das Beste, was man tun kann, zuzuhören und ab und zu ein Taschentuch zu reichen.

Eine Woche später blättert Mimi in einer Klatschzeitschrift. Sie hängt auf dem Sofa, das genau hinter meinem Schreibtisch steht, und murmelt vor sich hin, während sie die Seiten umblättert. »So ein Scheiß«, murmelt sie, »wen soll dieser Müll bloß interessieren? Ach guck, die hat ja wohl auch überhaupt keinen Geschmack.« Plötzlich wird es ganz still. »Alter Falter«, ruft Mimi und stöhnt. »Du ahnst es ja nicht.«

Dort, auf den letzten Seiten, wo sie immer von den Partys berichten, ist ein großes Bild von André. In seinem Arm hält er eine Frau. »Hör mal zu, was da steht: ›Frisch verliebt präsentiert Filmproduzent André Arschloch seine neue Freundin, Lisa, in Klammern vierundzwanzig.‹« Sie hält mir die Zeitung hin, damit ich mir das Foto genauer ansehen kann.

»Verdammich«, sage ich. Die Frau sieht aus wie Nadja, nur vor den ganzen Botoxorgien. »So ein Schwein.«

»Wirklich«, sagt Mimi. »Er hätte sich wenigstens eine Blondine nehmen können. Das ist einfach würdelos.«

Während ich überlege, ob ich sie schnell übers Knie legen soll, hat sie die Zeitschrift schon auf den Tisch geworfen und ist pfeifend aus dem Raum gestapft.

Was Sie aus diesem Kapitel gelernt haben sollten
Jede Beziehung basiert auf einem unbewussten Deal. Sie sollten aber immer darauf achten, dass der Deal für beide Seiten erträglich und lebbar ist. Geben Sie einer Beziehung zuliebe niemals sich selbst auf. Wenn Sie kein erkennbares Selbstbewusstsein besitzen, dann haben Sie die Pflicht, sich darum zu kümmern. Der einzige Mensch, der sich jemals verlässlich um Sie kümmern kann, sind Sie selbst.

Wie daraus doch noch eine gesunde Beziehung werden kann
Das ist jetzt ein Scherz, oder?

Es ist Samstagabend, und ich bin auf dem Weg in eine Kneipe, in der eine Kollegin ihren Geburtstag feiert. Als ich ankomme, ist der Raum schon angenehm gefüllt, das Publikum hat genau die richtige Mischung aus »Sex-and-the-City«-Hysterie und einem Teenachmittag bei Simone de Beauvoir, während Sartre gerade unterwegs ist, um sich seine Pfeife polieren zu lassen. Es sind wie üblich mehr Männer als Frauen da, und schnell entspinnt sich eine Unterhaltung darüber, wie problematisch Männer als solche und die Berliner Männer im Besonderen sind.

»Mit fünfzig drehen sie sowieso alle durch«, sagt Betty, »dann hauen sie mit Fünfundzwanzigjährigen ab, da können wir machen, was wir wollen.« Da Betty seit Jahren in einer festen Beziehung steckt, kann ich nur vermuten, dass sie einen privaten Countdown hat, wie viel Zeit ihr bis zum großen Crash bleibt. Noch acht Jahre, noch sieben, noch sechs.

»Du hast völlig recht«, pflichtet ihr Anne bei. »Auf Männer kann man sich nicht verlassen. Am Ende geht es ihnen nur ums Vögeln. Alles andere ist denen völlig unwichtig. Und wir strampeln uns ab, aber das wird überhaupt nicht gesehen.«

Es ist erstaunlich, wie viel zustimmendes Gemurmel man mit pauschalierenden Plattitüden generieren kann. Frauengruppen sind portable Propagandaministerien, die gegen mittelalte Herren im Speziellen und Männer im Allgemeinen hetzen. Ihr Slogan lautet: »Es gibt keine Hoffnung, nirgends.« Gleichzeitig ist ihr größter Wunsch, von einem Mann wahrgenommen und geliebt zu werden.

»Ihr solltet euch mal zuhören«, sagt Manuel, der einzige Mann in der Runde. »So, wie ihr drauf seid, gebt ihr uns Männern überhaupt keine Chance. Ihr schließt uns von vornherein aus und beschwert euch dann, wenn wir uns abwenden. Wisst ihr, warum Männer sich mit Zwanzigjährigen einlassen? Weil sie nicht so verdammt verbittert sind und die ganze Zeit herumpampen.«

Die hübsche Pause des betretenen Schweigens, die jetzt entsteht, gibt mir Gelegenheit, an Jana zu denken.

DER PERSONAL TRAINER

Wenn ein Kubus plötzlich die Form eines Menschen annehmen würde, er sähe aus wie Jana. Alles an ihr ist gerade, sogar ihre Wimpern, die über ihren Augen stehen wie frisch gespannte Markisen. Ich habe sie noch nie nackt gesehen, aber ich könnte wetten, dass sogar ihre Brüste irgendwie viereckig sind, sodass man ganz bequem Bierdosen darauf abstellen kann oder Notizblöcke. Jana ist vierunddreißig, und ich kenne sie über einen Freund, der mit ihr an der Uni studiert hat. Natürlich war Jana ungefähr drei Jahre vor ihm fertig, hat mit summa cum laude abgeschlossen und sich binnen weniger Monate ein gut laufendes Private-Equity-Unternehmen aufgebaut. Sie ist gut, schnell und unglaublich hartleibig. Jana bei dem Versuch, ein bisschen Romantik zu versprühen, zu beobachten ist ungefähr so, als würde man einem Sumoringer beim Ballett zusehen.

Jana: »So, dann stell mal diese Kerzen da hin. Das Licht hier ist ja viel zu grell.«

Zukünftiger Exfreund: »Ich habe schon Kerzen hingestellt. Und Servietten liegen auch schon da. Willst du dich nicht einfach mal entspannen?«

Jana: »Die passen doch überhaupt nicht zur Deko. So, du gehst jetzt in die Küche, und ich mach das hier. Mann, Mann. Alles muss ich selber machen.«

Wenn ich mit Jana esse, zum Beispiel bei ihr zu Hause, bekomme ich spontan Koliken, weil auch die Speisen irgendwie viereckig und sperrig sind. Sie schafft es, dass sogar Risotto genussfeindlich und karrieregeil wirkt, was eine erstaunliche Leistung ist. Davon abgesehen mag ich sie sehr gern, weil sie tatkräftiger ist als jeder andere Mensch, den ich kenne. Du gibst ihr eine Idee, und am nächsten Tag stellt sie einen Investor vor. Du sammelst Spenden für arme Kinder, und sie lässt zehn Minuten später einen Lastwagen anrollen, vollgestopft bis obenhin. Was zwischenmenschliche Beziehungen angeht, hat Jana zugegebenermaßen ein paar Schwächen. Sie behandelt Männer an ihrer Seite wie ein Ersatzteillager für sexuelle Bedürfnisse, in dem sie aufräumen und ausmisten kann, wie sie Lust hat. Und gleichzeitig fordert sie Romantik, Zugewandtheit und eine Partnerschaft auf Augenhöhe. Janas Art, eine Beziehung zu führen, kommt aufs Gleiche heraus, als würde man vögeln, um seine Jungfräulichkeit zu erhalten.

»Was glaubst du, warum es keinen vernünftigen Partner für mich gibt?«, fragt sie mich eines Tages.

»Na ja, du müsstest erst mal eine Partnerin für jemanden sein können«, schlage ich vor. »Dann kommt schon einer.«

»Papperlapapp«, sagt sie. »Es gibt eben keine richtigen Männer mehr. Wir Frauen müssen alles alleine machen.«

Wir sind noch immer auf diesem Stand, als sie eine dreijährige Ehe mit einem wirklich netten, am Schluss etwas entmannten Kerl beendet, weil er ihr, wie sie sagt, nicht gewachsen sei. (Der Mann wirkt übrigens seitdem unheimlich erleichtert, ich habe ihn erst letzte Woche auf dem Markt gesehen.) Stattdessen verkündet sie eines Abends, als wir in der Kneipe sitzen, dass sie nun bereit sei, wieder zu heiraten und sich niederzulassen, um Kinder zu bekommen. Mimi, die dabei ist, rammt mir so fest den Ellbogen in die Seite, dass ich kaum noch Luft bekomme.

»Ich habe auch schon jemanden«, sagt Jana, »er kommt später her, damit ihr ihn mal kennenlernt.«

»Was?«, sage ich.

»Wie?«, sagt Mimi.

»Wer?«, sagt Britta, die eigentlich Janas engste Freundin ist und offensichtlich von nichts gewusst hat.

»Na, Jorge«, erklärt Jana an Britta gewandt.

»Unser Personal Trainer?«

»Genau der.«

Auf diese Information reagieren wir alle mit angemessenem Schweigen. Vor allem Britta, die sich offenbar fragt, ob sie bei dem Begriff Personal Trainer irgendwas falsch verstanden hat.

Eine halbe Stunde später kommt Jorge hereingefedert, jeder seiner einhundertachtzig Zentimeter Beweis dafür, dass es hilft, jeden Tag einen halben Liter Proteinshake zu saufen. Jorge ist Chilene. Er sieht aus wie der uneheliche Ausrutscher von Enrique Iglesias oder dieses Typens, mit dem Christine Neubauer jetzt zusammen ist. Wenn er spricht, hat er den gleichen Dialekt wie der Gestiefelte Kater aus »Shrek«. Fehlen nur noch der Hut und ein paar ordentliche Lederstiefelchen. Jorge erinnert mich unheimlich an den einzigen Chilenen, mit dem ich mal was hatte. Es war ein One-Night-Stand, der damit endete, dass ich plötzlich lindgrüne Satinbettwäsche besaß. Als ich gehen wollte, sagte der Mann nämlich: »Was mein ist, ist dein. Nimm dir einfach mit, was du willst.« Im Nachhinein bin ich allerdings nicht sicher, ob es überhaupt seine Wohnung war.

Wir sitzen also herum und starren Jorge an, und Jana lässt ihn Tricks vorführen wie ein Zirkuspferd.

»Wenn wir erst mal verheiratet sind, muss er eigentlich nicht mehr arbeiten«, sagt Jana, ganz Macho anno 1952. Jorge lächelt dazu vielleicht, weil sein Deutsch nicht so gut ist. Ich hoffe es jedenfalls.

Was macht Jana da? Jana legt sich eine Funktionsbeziehung zu, und zwar mit der gleichen Leidenschaft, als würde sie ein Sparkonto eröffnen. Funktionsbeziehungen sind das Trostpflaster der modernen, von den eigenen Ansprüchen überforderten Optimierungsfrau. Und der Personal Trainer ist heute das, was früher der Gärtner war. Sogar Madonna hat ein Kind mit ihrem bekommen. Der Deal ist einfach: Gib mir deinen Samen, ich gebe dir dafür den Schlüssel zu meiner Eigentumswohnung.

Zwei Monate später verkündet Jana die Schwangerschaft. Drei Jahre später hassen sich Jana und Jorge mit vorbildlicher Intensität. Das Kind wird zu gleichen Teilen aufgeteilt. 3,5 Tage bei ihr, 3,5 Tage bei ihm.

»Männer«, sagt Jana nach der Trennung abschließend. Und ich weiß in dem Moment gar nicht, was ich dazu sagen soll, ohne sie zu kränken. Sie hat ihn benutzt und ist enttäuscht, dass er nicht ganz der Automat war, für den sie ihn gehalten hat.

Was Sie aus diesem Kapitel gelernt haben sollten

Funktionsbeziehungen wirken auf den ersten Blick wie die Lösung aller Probleme, mit denen erfolgreiche Karrierefrauen sich heute so rumschlagen müssen. Allerdings lässt einen der körperliche Spaß leicht vergessen, dass man sich keine Partnerschaft auf Augenhöhe, sondern eine auf Hüfthöhe gebastelt hat. Ist es das, was eine Frau zum Glücklichsein braucht? Ganz einfach gesagt: Nicht im Geringsten.

Wie daraus doch noch eine gesunde Beziehung werden kann

Schwierig. Es gibt Paarungen, in denen die Frau sich plötzlich auf Augenhöhe begibt – indem sie ihre Karriere aufgibt. Downsizing zugunsten der Liebe ist ein Konzept, das mit intensiver Auseinandersetzung tatsächlich etwas bringen kann. Vorausgesetzt, man gibt sich selbst gegenüber zu, dass man den Zug auf das völlig falsche Gleis gestellt hat. Die Chancen sind, machen wir uns nichts vor, ziemlich gering. Ich kenne eine einzige Frau, die aus einer hoch dotierten Führungsposition ausgestiegen ist und nun mit ihrem, kein Witz, Gärtner zusammenlebt. Sie betreiben einen kleinen Bioblumenhandel. Für gewöhnlich kommen Frauen mit Hierarchieunterschieden aber nicht gut klar. Nach ungefähr sechs Monaten erreichen sie meistens ein Stadium, in dem er nur noch hüsteln muss, um sie so zu nerven, dass sie in Gedanken die Messer Richtung Schleifstein trägt.

Anmachen für Fortgeschrittene

In der Kneipe auf der Geburtstagsparty ist inzwischen friedlicher Konsens eingekehrt, einfach weil es sich schlecht macht, sich auf einer Geburtstagsparty gegenseitig zu verhauen. Ich sage weise: »Frauen agieren emotional und Männer rational. Da sendet man aneinander vorbei.« Um die Stimmung aufzulockern, erzählt Manuel eine Geschichte, die ihm vor Jahren passiert ist und die zeigt, wie leicht es für Männer ist, Frauen willig zu machen.

Es war so: Er war mit einem älteren Herrn um die sechzig auf dem Weg nach Le Mans, weil sie das Rennen anschauen wollten. Da dieser Ausflug sowieso sehr kostspielig war, buchten sie sich in einem Anfall von totalem Geldbeutelfatalismus in einem Luxushotel ein. Als sie später in der Hotelbar etwas tranken, machte der ältere Herr ihn auf die sehr schöne Bedienung aufmerksam und sagte: »Dieses Mädchen herumzukriegen wird meine leichteste Übung heute.« Manuel, dem die Bedienung auch schon aufgefallen war, weil sie eine dieser wunderbaren Ein-Meter-achtzig-Gazellen war, die es sonst nur in Modemagazinen zu sehen gibt, äußerte seine Zweifel. Sowohl er als auch der ältere Mann sahen von der langen Fahrt etwas mitgenommen aus und waren nicht halb so ansehnlich gekleidet wie die anderen Menschen in der Bar.

»Doch, doch«, sagte der ältere Herr. »Der Trick ist ganz einfach. So schönen Frauen muss man nur etwas sagen, was sie noch nie gehört haben. Schon liegen sie einem zu Füßen. Wart's nur ab.«

Als die Bedienung sich schließlich näherte, ahnte Manuel, dass sich gleich ein beschämendes Schauspiel ereignen würde. Der alte Mann würde etwas schrecklich Peinliches sagen, und die Bedienung würde über sie lachen, weil sie nur zwei geile Böcke waren, die bei einer Frau wie ihr keine Chance hatten.

»Wir möchten gerne zwei Martinis bestellen«, sagte der ältere Herr und lächelte die Bedienung an. »Und ich muss Ihnen etwas sagen. Sie haben wirklich ganz entzückende Öhrchen.«

In diesem Moment, sagte Manuel, sei im Gesicht der Bedienung etwas passiert, was er kaum mit Worten beschreiben könne. Es war so, als sei über ihr plötzlich nach dunkler Nacht die Sonne aufgegangen. Sie strahlte, und die Arroganz, mit der sie ihren Körper zur Schau trug, wich einer mädchenhaften Weichheit. Tatsächlich bekam sie sogar rote Wangen und fasste sich rasch an die Ohren, als müsste sie sich vergewissern, dass sie wirklich entzückende Öhrchen hatte und nicht nur ganz gewöhnliche. Den ganzen Abend sei sie um ihren Tisch geschlichen und habe ihnen Drinks spendiert.

»Und dann?«, frage ich, als Manuel fertig mit der Geschichte ist.

»Gar nichts«, sagt er. »Wir waren die perfekten Gentlemen und sind einfach auf unsere Zimmer gegangen.«

Die Geschichte ist natürlich ebenso entzückend wie die Öhrchen der Bedienung. Es gibt nämlich eine Menge Männer, die wirklich idiotische Sachen zu Frauen sagen und dann erwarten, dass sich die Frau zum Dank auf den Rücken legt und mit den Brüsten wedelt.

MEINE EWIGEN TOP 8 GRÄSSLICHER ANMACHSPRÜCHE

- Ich sehe vielleicht aus wie ein Ewok, aber da, wo es zählt, bin ich gebaut wie ein Wookiee.
- Ist dein Name Wi-Fi? Weil ich nämlich jetzt schon eine Connection spüre.
- Ist dein Name Google? Weil du alles hast, wonach ich jemals gesucht habe.
- Wo ist der Gefällt-mir-Button für dieses Lächeln?
- Ich würde dich ja fragen, ob du häufiger hierherkommst, aber ich stalke dich schon auf Foursquare.
- Du bist so heiß, dass meine Proteine bei deinem Anblick denaturieren.
- Ich halte länger durch als Boromir.
- Baby, deine Augen sind blauer als Heisenbergs Crystal.

Es ist ja auch kein Wunder. Männer tun sich mit der Formulierung ihrer Bedürfnisse unheimlich schwer. In der Sache »Frau gegen Mann mit starkem Trieb« sind wir in den vergangenen zweihundert Jahren kaum vorangekommen, und ich frage mich, wann Frauen endlich zugeben, dass sie manchmal genauso Lust auf unkomplizierten Sex haben wie die Kerle. Dazu fällt mir eine kleine Geschichte ein.

In meinem Haus bin ich schnell so etwas wie eine Kummerkastentante geworden. Sogar die alte Frau Seifert von oben erzählt mir regelmäßig ihre Tageserlebnisse, zum Beispiel weiß ich, dass es beim Bäcker Scherf um die Ecke den Apfelkuchen jetzt für ein Euro das Stück gibt. Und dass der alte Koch vom spanischen Lokal gegenüber mit der jungen Kellnerin durchgebrannt ist, ob das nicht ungehörig sei? »Was wird aus uns altem Holz, wenn die alle mit den jungen Dingern abhauen«, sagte sie und kniff mich freundlich in die Wange. Die Aussicht, von einer Sechsundsiebzigjährigen in einen Topf mit ihr selbst geworfen zu werden, gefiel mir gar nicht, und so machte ich ein paar schnippische Bemerkungen über die Banalität von Geranien, die an ihrem Balkon in voller Pracht wuchsen. Sie hörte mich aber gar nicht, weil Frau Seifert nie etwas hört, was ihr nicht in den Kram passt.

Vor ein paar Wochen dann führte der Typ, der unter mir ein »Büro für Strategieentwicklung« hat, eine Praktikantin ein. Ich wunderte mich, zumal ich von seinen Strategien keine Vorstellung habe; die meiste Zeit steht er auf der Straße und raucht. Er hat seine Wohnung im Nachbarhaus, wo er mit einer Frau wohnt, die aussieht, als hätte sie der dunklen Seite der Macht ein bisschen zu lange ins Auge geblickt. Ich stellte mir also vor, dass er die Praktikantin vor allem dazu brauchte, seine Kippen wieder einzusammeln und eine Strategie zu überlegen, wie er entweder Kunden anlocken oder der Ehe entfliehen könnte. Dem war aber gar nicht so. Es dauerte nicht lange, da drangen aus dem wie immer weit geöffneten Fenster zum Hof glucksende Laute und fröhliches Gekicher. Wieder ein paar Tage später kamen ein paar Seufzer und Stöhner dazu, einen Tag darauf ganz stattliche Kopulationslaute. Uaarch, arrchz und jajaja macht man nun mal nicht beim Aktensortieren, es sei denn, man hat eine sehr besondere Veranlagung. Von da an schallten die Keuchlaute jeden Tag über den Hof, schwangen sich an den Hausmauern empor und drangen schließlich bis an Frau Seiferts Ohr.

»Was ist denn das nur für ein Krach«, sagte sie zu mir. »Das hört sich an wie … nein, aber das kann ja gar nicht sein!« Ich zuckte mit den Schultern, weil meine Nachbarn prinzipiell vögeln dürfen, wen sie wollen. Ich wäre die Sache taktisch sowieso anders angegangen. Quasi Haus an Haus mit der bösartigen Ehefrau fremdzugehen, das erschien mir nicht sehr schlau. Ich weiß nicht, ob sich Frau Seifert an der akustischen Übersexualisierung unseres Innenhofes wirklich störte. Jedenfalls waren die herrlichen Tage in Freiheit irgendwann vorbei. Jemand hatte der Ehefrau einen Tipp gegeben. Es gab eine Menge Geschrei, und dann war die Praktikantin weg.

Seitdem ist es tagsüber wieder ganz still in unserem Hof. Der Strategieheini steht wieder rauchend vor der Tür. Er sieht traurig aus. Nur Frau Seifert kann sich ihre Kommentare nicht verkneifen. »Schön ruhig hier, nicht«, sagt sie jetzt jedes Mal, während sie nach ihrem Hausschlüssel sucht, »ein herrlicher Tag. Man hört richtig die Vögel zwitschern.« Wir nicken dann höflich, der arme Kerl und ich. »Eines Tages«, sagte ich neulich, »wirst du wieder eine Praktikantin haben. Ganz bestimmt.« Er lächelte mich dankbar an. Ich finde ja, man darf den Menschen nie die Hoffnung nehmen.

Dafür ist nämlich die Realität da.

DER UNGESCHLIFFENE MANN

Wir befinden uns mitten in der Hochzeitssaison. Die ganze Stadt wimmelt von Männer- und Frauengruppen in seltsamen T-Shirts und Schnapsflaschen um den Hals. Und leider geht der Brauch des Junggesellinnenabschieds auch an Mimi und mir nicht vorüber.

»Wir mieten eine Stretchlimo, und dann fahren wir durch die Stadt«, sagt Sandra, die Chefplanerin der Party, »das wird total super!«

»Was soll super daran sein, mit einem Auto durch die Gegend zu fahren?«, fragt Mimi. »Das mache ich die ganze Woche.«

»Nee, das wird ganz anders«, sagt Sandra. »Wir trinken dabei Champagner und gucken oben aus dem Dach raus!«

»Und denk nur«, sage ich, »anschließend pulen wir uns dann gegenseitig die Fliegen aus den Zahnzwischenräumen!«

Am Abend der Veranstaltung regnet es. Mit acht angefeuchteten Frauen im geschlossenen Innenraum eines abgenutzten Fahrzeugs zu sitzen zeigt einem, wie gern man sich hat. Nach ungefähr zwanzig Minuten ruft Mimi: »Ich muss hier raus! Ich kriege keine Luft mehr!«

»Ich auch«, ruft Antje, die zukünftige Braut, kurbelt das Fenster runter und erbricht sich geräuschvoll über die rechte Wagenhälfte. Manchmal komme ich mir vor, als wäre ich die einzige Erwachsene in einer Welt voller Teenager.

»Das war jetzt aber keine ganze Stunde, da können wir reklamieren«, sagt Sandra, nachdem uns der Fahrer in der Stadtmitte rausgeworfen hat.

»Mir ist schlecht«, sagt Antje.

»Wir sollten uns weiter betrinken«, schlage ich vor und denke wehmütig an den Junggesellenabschied der Männer. Die müssen bloß in den Stripclub gehen und halten das sofort für den besten Abend des Jahres.

Dass diese Hochzeit überhaupt stattfindet, ist eine Sensation.

Ich habe Antje vor ungefähr drei Jahren kennengelernt. Als ich sie das erste Mal treffe, sieht sie müde aus. Sie erhebt sich von ihrem Stuhl, als sie mich sieht, und sagt nicht »Hallo« oder »Schön, dass wir uns kennenlernen«, sondern »Ich kann nicht mehr«. Das Erste, was mir einfällt, wenn jemand »Ich kann nicht mehr« sagt, ist: »Dann lass es doch«. Ich meine das gar nicht böse. Aber wenn jemand wirklich nicht mehr kann, dann hört er auf. Der menschliche Geist ist nicht unendlich belastbar, obwohl er zugegebenermaßen eine Menge Mist schlucken kann.

Wie alle reagiert Antje sehr empört auf meine Entgegnung: »So einfach ist das aber nicht!«

Provokation ist ein Eins-a-Schlüssel, um in ein intimes Gespräch einzusteigen. Der Angriff umschifft alle Floskeln und Formalitäten. Ich bin jedes Jahr versucht, beim großen Familientreffen zu sagen: »Papa, jetzt sag doch Onkel Alfred endlich, wie destruktiv und kacke du ihn findest.« Anschließend würde ich mich entspannt zurücklehnen und warten, bis der erste Knödel fliegt.

Antje ist also direkt auf hundertachtzig, was hilft, weil wir damit vermeiden, stundenlang Höflichkeiten auszutauschen. Mimi hat mich empfohlen, was ihr sagt, dass sie mir vertrauen kann.

»Ich würde ja gerne«, sagt sie, nachdem sie sich ein bisschen abgeregt hat. »Aber ich glaube, ich bin abhängig von ihm. Wir haben uns hundertmal getrennt, und jedes Mal fühle ich mich, als hätte ich gerade die größte Dummheit meines Lebens begangen.«

Ich kenne das Gefühl. Jede Frau kennt diesen Gedanken. Was, wenn dieser Typ die beste Chance ist, die mir das Leben hinwirft? Es ist ein blödsinniger Gedanke, weil er keine Antwort zulässt oder vielmehr höchstens eine, die sich einem schlimmstenfalls erst am letzten aller Tage offenbart.

Antje führt eine Beziehung mit Marc. Auf dem Papier ist Marc zwei Jahre älter, gefühlt aber ungefähr zehn Jahre jünger. Antje ist Oberärztin in einem Unfallkrankenhaus, Marc ist selbstständiger App-Entwickler auf der Suche nach seiner Berufung. So weit, so schlecht. Als sie sich kennenlernen, ist Antje längst in der Erwachsenenwelt verwurzelt. Marc, der bislang eine Weile im Ausland verbracht, sein Studium geschmissen und sich als Barbesitzer versucht hat, weiß immer noch nicht so recht, wohin die Reise gehen soll. Antje spürt das Ungleichgewicht zwischen ihnen und entzieht sich gelegentlich, obwohl es gar nicht das ist, was sie will. Wenn man sie fragt, sagt sie, dass sie mit Marc unbedingt zusammen sein will. In Marc verstärkt sich das Gefühl der Ablehnung, und er beginnt, nach Ventilen für seine Frustration und Unsicherheit zu suchen. Diese Ventile sind andere Frauen.

»Es ist so, als würden wir unsere echten Leben vorein- ander verheimlichen«, sagt Antje. »Ich lebe heimlich mit meinem Drang, alle zu retten. Und er lebt heimlich mit seiner Angst, beim Retten nicht mithalten zu können.« Einfach gesagt: Marc fühlt sich neben Antje, die mit enor- mer Kraft nach vorn durchs Lebens pflügt, schwach und gescheitert. Antje fühlt sich neben Marc, der von Selbst- zweifeln zerfressen ist, wie eine Statistin im falschen Film. Warum kann er nicht ein bisschen erwachsener sein und sein Leben einfach angehen, wie sie es auch macht?

Die Antwort ist so einfach wie nervig. Weil er es nicht gelernt hat. Marc kommt aus einer Familie, in der Ent- scheidungen nicht zugunsten der Stärke, sondern zuguns- ten der Schwäche getroffen werden. Er und seine beiden Brüder wurden zur Unselbstständigkeit erzogen. Wenn er sich an seine Kindheit zurückerinnert, dann hat er den Satz »Lass mal, das kannst du nicht« unzählige Male gehört. So wurde aus Marc, dem Kind, das nichts allein konnte, Marc, der Mann, der immer noch nichts allein kann. Eine Frau wie Antje, die alles zu können scheint, macht ihm schreckliche Angst und zieht ihn zugleich magisch an.

Ich fasse das für Antje noch mal zusammen und sage: »Kacksituation.«

Antje fühlt sich manchmal unwohl in Marcs Gegenwart, vor allem, wenn andere dabei sind. Er neigt dazu, sich selber aufzublasen, um seine Makel zu verbergen, und sie hasst ihn dann für seine Minderwertigkeitskomplexe. Noch mehr hasst sie nur sich, weil sie ihn nicht so annehmen kann, wie er ist. Der gemeinsame Paartherapeut sagt, dass Marc noch kein ausgewachsener Mann ist und dass Antje, wenn sie ehrlich zu sich wäre, einen anderen Partner braucht. Er ist ein ungeschliffener Diamant. Ein matt glänzender Stein, aber noch kein Juwel.

Das ist natürlich das Fatale am Erwachsensein: Man *sollte* ehrlich zu sich sein. Und man weiß auch, dass es das Richtige wäre. Aber man *ist* es nicht.

Antje glaubt weiter an Marc und die Chance, dass beide miteinander glücklich werden. Marc glaubt irgendwie auch daran, aber er fängt an, sich Hintertürchen offenzuhalten. Die Hintertürchen haben ganz verschiedene Namen: Vanessa, Annalena, Marie, Julia, Christine. Was tut er? Er reißt sie auf. Erst über Facebook, wo er sich ihnen als genau der Mann präsentieren kann, der er gerne wäre. Er beschreibt ihnen seine Sexphantasien und bittet sie, ihm sexy Fotos zu schicken. Die eine oder andere trifft er, und sie vögeln. Mit manchen hat er Affären, die sich über Monate hinziehen. Immer häufiger belügt er Antje. Doch er wird auch immer cleverer: »Wenn ich gar nicht erwähne, dass ich einen Termin habe, dann muss ich auch nicht lügen.« Marc fühlt, dass er sich benimmt wie ein Vollidiot. Insofern hat der Paartherapeut recht: Marc befindet sich mitten in der Pubertät. Kann er aufhören, Frauen nachzustellen? Nein, denn er ist längst süchtig nach der schnellen Anerkennung. Pausenlos checkt er sein

Smartphone, lauert auf Kurznachrichten, geht abends, wenn er nicht mit Antje verabredet ist, zu anderen Frauen. Liebt er Antje? Er ist sich sicher, dass er das tut. Liebt Antje ihn? Sehr sogar, sagt sie.

Vielleicht sollten wir nur ganz kurz über die Definition von Liebe sprechen. Wenn man Kinder fragt, was Liebe ist, sagen sie: »Liebe ist, wenn ich mich im Bauch ganz toll kribbelig fühle und den anderen lieber mag als alles andere.« Oder, um den wundervollen kleinen Jonathan zu zitieren: »Liebe Clara, ich liebe dich mehr als alles auf der Welt. Ich liebe dich sogar mehr als Fernsehen.« Jonathan ist acht Jahre alt und hat schon etwas Wichtiges verstanden: Zu lieben bedeutet, dem anderen das Bestmögliche zu geben und zu gönnen – in diesem Fall einen Jonathan, der nicht fernsieht, wenn er mit Clara zusammen ist. Es gibt ja auch so viel Schöneres zu tun!

Wenn man erwachsene Frauen fragt, was Liebe ist, sagen sie verschiedene Dinge, die alle in eine ähnliche Richtung zielen.

»Liebe bedeutet, Kompromisse zu machen.«

»Liebe bedeutet, dass man mit den Fehlern des anderen leben kann.«

»Wenn ich jemanden liebe, dann ist er das Wichtigste für mich.«

»Ich kann nur lieben, wenn ich mir sicher bin, dass der andere mich auch liebt.«

»Liebe bedeutet, alles zu ertragen.«

Viele Menschen sehen Liebe als eine Art Opfer an, das sie bereit sind zu geben, damit sie am Samstagabend nicht allein dahocken. Für sie bedeutet Liebe, etwas nach außen zu tragen, damit man im Inneren nicht schrumpft.

Tatsächlich funktioniert Liebe genau andersherum. Je mehr Liebe man zulässt, desto größer wird die Liebe in einem selbst. Liebe zuzulassen ist aber eine knifflige Angelegenheit. Wer wahrhaft zu lieben versteht, der muss sich über ein paar Dinge im Klaren sein.

Jemandem alles zu gönnen, ihm das herrlichste, fabelhafteste Dasein auf Erden zu wünschen, kann unter anderem bedeuten, dass man selbst nicht mehr Teil dieses Lebens sein wird. Zum Beispiel, weil man nicht der passende Partner für die Person ist, wenn man es sich genau anschaut. Das ist fürchterlich schmerzhaft, und darum halten sehr viele Leute an Beziehungen fest, die schon halb tot sind wie rumänische Straßenhunde. Das ist aber nicht Liebe, sondern Angst.

Angst zu haben ist nicht verwerflich, aber man muss sich klarmachen, dass man sich auf ein falsches Gleis begibt, wenn man sein Leben von Angst kontrollieren lässt. Antje und Marc werden beide von Angst kontrolliert. Die hässlichen Schwestern der Angst sind die Eifersucht und das Besitzdenken. Und wo die beiden auftauchen, ist für Liebe kein Platz.

Das bedeutet natürlich nicht, dass sich das nicht ändern kann. Aber es ist ein zäher Weg. Mehrere Jahre durch hüfthohen Schlamm zu waten, muss man erst mal aushalten können.

Antje hat wahnsinnige Angst, Marc zu verlieren. Zum Beispiel an eine seiner kleinen Freundinnen, die Marc, wenn er ehrlich ist, allerdings nicht besonders viel bedeuten. Hassenswert sind sie aus Antjes Sicht natürlich trotzdem, denn sie sind lästig und bohren sich ständig in ihr Bewusstsein wie diese elektrischen quallenartigen Dinger aus »Matrix« in die Nebukadnezar. Je mehr Angst Antje bekommt, je gestresster sie auf Marc reagiert, desto kontrollierter fühlt sich Marc, und in umso kürzeren Abständen sucht er Erleichterung unter fremden Decken. All die schlechten Gefühle kommen immer häufiger an die Oberfläche gesprungen, und ein ums andere Mal beschließen Antje und Marc, dass es mit ihnen sowieso keinen Zweck hat, weil sie sich ständig mies miteinander fühlen.

Im Grunde läuft Schlussmachen in unsicheren Beziehungen immer nach dem gleichen Schema ab. Im Folgenden eine stark gekürzte Zusammenfassung eines klassischen Gesprächsverlaufes, bei dem sie Verbindlichkeit will und er noch nicht so recht weiß ...

Frau: »Ich will gar nicht heiraten, ich will nur wissen, wie du dir die Zukunft vorstellst!«

Mann (murmelt Unverständliches). »Mit deinen Freunden? Die akzeptieren mich doch gar nicht.«

Frau: »Das stimmt nicht. Du mochtest sie außerdem noch nie.«

Mann/Frau: »Nie lässt du mich ausreden!«

Frau: »Ich kann einfach nicht mit jemandem zusammen sein, der überhaupt nicht weiß, was er will! Manchmal bist du so wahnsinnig gemein! Du bist ein verlogener Mistkerl!«

Mann: »Ich habe dir doch gesagt, diese SMS war von einer Kollegin. Nur eine Kollegin!«

Frau: »Dann lass sie mich doch lesen, wenn du nichts zu verbergen hast. Gib mir das Telefon.«

Mann: »Du brauchst nicht mein Telefon, um mir vertrauen zu können.«

Frau: »Dann tipp du nicht die ganze Zeit heimlich SMS. Und außerdem bist du lieber mit deinen Kumpels zusammen, als auch mal was mit mir zu machen.«

Mann: »Manchmal will ich eben auch mal mit meinen Freunden zusammen sein. Und mit Leuten, die du nicht unbedingt kennst. Privatfreunde sozusagen.«

Frau: »Und was war das vor neun Wochen?«

Mann: »Okay, aber das waren wirklich die einzigen Male, die ich dich angelogen habe. Einigen wir uns darauf?«

Frau: »Kannst du dir vorstellen, in ungefähr einem Jahr mit mir zusammenzuwohnen?«

Mann: »Ich denke überhaupt nicht in solchen Kategorien. Was ist schon Zeit?«

Frau: »Du bist so ein unreifes Baby! Alles, bloß keine Verantwortung.«

Mann: »Du findest mich unreif? Leute unreif zu nennen ist unreif!«

Frau: »Meine Freundinnen fragen mich immer: ›Wo ist dein Freund?‹ Und ich sage dann immer Hmm und Äh, weil ich gar nicht weiß, was ich sagen soll.«

Mann: »Verdammt noch mal, sag mir doch einfach, was du willst!«

Frau: »Werden wir zusammenleben?«

Mann: »Na ja, was genau heißt zusammenleben? Du meinst, eine gemeinsame Wohnung und so? Oder eher spirituell? Ich meine, das ist ja auch was.«

Frau: »Liebst du mich?«

Mann: »Oh Mann. Ich bin kein Typ, der in solchen Kategorien denkt. Das wusstest du von Anfang an.«

Frau: (Kopf in den Händen, weint)

Mann: »Jetzt hör doch auf.«

Mann: (sein Telefon wird plötzlich mit Textnachrichten bombardiert)

Frau: »Ich kann das nicht mehr. Du verschwendest meine Zeit.«

Mann: »Hör mal, holen wir uns jetzt noch was zu essen oder nicht? Ich will nicht das Thema wechseln, aber, also, ich meine nur.«

Frau: »Warum gehst du nicht mit dieser Schlampe von Kollegin essen?«

Mann: »Hör auf.«

Frau: (wendet sich ab zum Gehen)

Mann: »Und was heißt das?«

Frau: »Das heißt, dass ich die Schnauze voll habe.« (geht ab)

Mann: (nimmt Handy und fängt an zu texten. Vermutlich mit der Kollegin.)

So oder so ähnlich läuft es auch bei Antje und Marc. Zumindest am Anfang. Später werden die Themen ein bisschen härter: Kinder kriegen ja oder nein, Lebenspläne überdenken, stinkende Verwandtschaft – alles, was das Leben zu zweit an Herrlichkeiten eben zu bieten hat. Üblicherweise gibt es nach Beendigung der Beziehung ein paar Tage intensiven Schmollens, gefolgt von dem Vorhaben, nur noch befreundet zu sein, dem wiederum ein gemeinsames Abendessen nach etwa zwei Wochen folgt. Dort wird am Tisch eine Menge Wein getrunken, um dann auf dem Heimweg übereinander herzufallen und die gleiche Nummer von vorn aufzuziehen. Mit dem einzigen Unterschied, dass Antje und Marc immer älter werden und die Freunde immer unverständiger mit dem Kopf schütteln. Wo ist das verdammte Problem?

So kommen Antje und Marc langsam, aber sicher an den Punkt, an dem Antje sagt: »Ich kann nicht mehr.« Sie ist müde, weil sie nachts wach liegt und darüber nachdenkt, was Marc während des Tages getan hat. Hat er andere Frauen getroffen? Schreibt er ihnen? Meint er, was er schreibt? Marc schläft auch nicht gut, weil er Antjes Unruhe spürt und sich außerdem dafür schämt, was er heute wieder einer dieser Frauen geschrieben hat. Sexuelle Anspielungen auf Teenagerniveau, das kann er eigentlich besser. Unter der Scham spürt er aber auch ein bisschen Stolz. Er hätte schließlich nie gedacht, dass er so großen Erfolg bei Frauen haben könnte!

Viele Menschen würden an diesem Punkt die Beziehung beenden. Warum auch etwas, das so krank ist, weiterführen? Marc ist zu einem notorischen Lügner und Fremdgeher geworden, Antje zu einer hysterischen Kontrollsüchtigen, die auf Gelegenheiten wartet, an Informationen zu gelangen. Und wenn sie die Informationen dann bekommt (»Ich werde dich in einem Hotelzimmer durchbumsen, bis du anfängst zu singen«, hatte er einer geschrieben, das weiß sie, weil er einmal sein Facebook offen gelassen hat), kann sie sich nicht die Lächerlichkeit der Situation vor Augen führen, sondern fühlt einen

Schmerz, der ihr den Atem raubt. Hat der Schmerz mit Marc zu tun? Unwahrscheinlich. Antje hat von Kindesbeinen an furchtbare Angst, verlassen und belogen zu werden. Marc füttert ihr Trauma, bis es fett und prall ist.

Und jetzt kommt das Komische: Marc möchte Antje gar nicht verletzen. Er spürt aber einen Entwicklungsunterschied und hat keine Ahnung, wie er zu dem Mann werden kann, den Antje eigentlich braucht. Marc, der trotzende Teenager, muss endlich zu Marc, dem ganz und gar erwachsenen Mann werden. Wer schon einmal mit einem Teenager zusammengelebt hat oder sich dunkel an die eigene Pubertät erinnert, weiß, dass eine Entwicklung in diesen Jahren ein überaus schmerzhafter, übel riechender, grässlich anstrengender Prozess ist, an dessen Ende aber immerhin ein ausgewachsener Mensch mit einem frischen Blick auf die Welt steht.

Und weil man Entwicklungen nicht unterbinden darf, sage ich zu Antje: »Lass ihn, wenn du ihn liebst. Halte es aus.«

Antje läuft erst sehr rot an, dann wird sie blass und schließlich wütend. »Was ist denn das für ein Scheißratschlag«, sagt sie. »Ich kann mich doch nicht weiter demütigen lassen, bloß weil der Typ sich nicht im Griff hat!« Als Frau stimme ich ihr da absolut zu. Als Beraterin in Lebensdingen allerdings nicht.

»Du sollst dich nicht demütigen lassen, du sollst ihm Platz für Entwicklung einräumen«, sage ich. »Sonst wirst du auf ewig ein unreifes Riesenbaby an deiner Seite haben und nicht den Mann, den du brauchst, um glücklich zu werden. Demütigen könnte er dich außerdem nur, wenn er etwas gezielt gegen dich täte. Alles, was er tut, tut er aber für sich. Er versucht, sich irgendwie aus dieser Zwickmühle zu befreien. Und auch wenn er den denkbar dämlichsten Weg gewählt hat, ist es ein großes Bekenntnis, dass er dich nicht verlassen will, sondern an sich arbeiten möchte. Das ist der einzige Weg, den ich sehe.«

Das gilt natürlich nicht für alle Beziehungen, in denen ein oder mehrere Partner in der Gegend herumvögeln (und darüber lügen). Manche Männer (und auch Frauen) leben in ihren Beziehungen wie die Made im Speck, indem sie ihren schwächeren Wirt aussaugen und benutzen wie ein Parasit, bis der Wirt emotional, psychisch und sogar wirtschaftlich völlig am Ende ist. Das ist bei Antje und Marc nicht der Fall. Beide bemühen sich, einander zu unterstützen und zu fördern. Sie haben tief in sich eine überaus liebevolle Verbindung, die sie pflegen und auf der sie aufbauen können. Wenn ihnen nicht die Puste ausgeht.

Serielle Monogamisten argumentieren an dieser Stelle gern, dass es so und so viele passende Partner da draußen gebe und dass die eine wahre Liebe sowieso eine Illusion sei. Solche Menschen würden sich an dem Punkt, an dem Antje und Marc angekommen sind, sofort trennen und einen neuen Partner suchen, der so ähnlich ist minus dem übelsten Manko des Vorhergegangenen. Ich sage solchen Menschen meist, dass ich sie für Schlappschwänze und Feiglinge halte. Wer Probleme im Führen einer Beziehung hat (und das sind die meisten von uns), wird den Schwierigkeiten nicht ausweichen, indem er ständig den Partner wechselt. Ich bin der Meinung, dass der Mensch wenigstens einmal durch die ganze Gülle durchmuss, um am Ende sauber wieder herauszukommen. Dann kann man sich meinetwegen immer noch trennen, wenn man den jeweiligen Partner weiterhin für blöde, anstrengend, schwächlich oder eben sonst wie unpassend hält.

Glücklicherweise dauert das Durch-die-Gülle-Gehen manchmal gar nicht so lang. Im Fall von Antje und Marc sind es anderthalb Jahre. Antje bemüht sich in dieser Zeit, Marc jeden erdenklichen Freiraum zu geben, denn zu Marcs Entwicklung gehört es, seine Pubertät zu durchleben, da er nie eine hatte (er war ein sehr angepasstes Kind aus nur langwierig zu erklärenden Gründen) – nur so kann er reifen. Stattdessen kümmert sich Antje fast ausschließlich um ihren eigenen Seelenfrieden. Sie arbeitet bewusster und lässt nach Dienstschluss die Arbeit da, wo sie hingehört. Sie beschäftigt sich mit ihren wahren Bedürfnissen und stellt zum Beispiel überrascht fest, dass sie sich viel wohler fühlt, wenn sie nicht jedes Wochenende in der Stadt herumspringt und sich mit Dutzenden von Menschen umgibt, sondern wenn sie einfach zu Hause bleibt und ein Buch liest. Gelegentlich sagt sie halb im Spaß, es wundere sie, dass sie trotz der temporär offenen Beziehung keine Lust auf andere Männer habe. Sie macht mehr Sport, kümmert sich besser um ihre Freunde, und ich finde, dass sie viel strahlender und zufriedener aussieht.

Marc kann nicht sofort von seinen Liebschaften lassen, aber es gelingt ihm, die Frauengeschichten langsam auszuschleichen. Plötzlich kommt es ihm nicht mehr so grandios vor, junge Frauen davon zu überzeugen, dass er ein Wahnsinnshecht wäre, weil er langsam zu ahnen beginnt, dass er vielleicht gar nicht so übel ist und dass er für Antje durchaus ein Partner auf Augenhöhe sein kann. Sein Selbstbewusstsein erarbeitet er sich Tag für Tag, indem er sich auf seine Arbeit konzentriert und endlich lang verborgene Konflikte mit seinem Vater austrägt. Zur Unterstützung sucht er sich eine wirklich clevere Psychologin, die vier Jungs großgezogen hat und weiß, wie man aus Kerlchen Kerle macht. Und dann, eines Tages, macht Marc Antje einen Heiratsantrag. So richtig auf den Knien und mit Ringschatulle.

Bevor wir jetzt alle gemeinsam einen großen Kitschanfall bekommen, möchte ich anmerken, dass trotzdem nicht alles Friede, Freude und Eierkuchen ist. Komplizierte Beziehungen bleiben kompliziert, was okay ist, wenn beide Partner in der Lage sind, klaren Blickes auf die vorhandenen Probleme zu schauen und zu sagen: Ist mir egal, ich liebe dich trotzdem.

Übrigens endet unser Junggesellinnenabschied am Ende bei mir in der Wohnung. Mimi und Antje sind unfassbar betrunken und spielen auf meinem Plattenspieler alte Schmachtfetzen aus unserer Jugend. Und irgendwann liegen wir uns alle heulend in den Armen und schwören uns gegenseitig ewige Treue, die Art Treue, wie sie sich nur sehr, sehr betrunkene und ein ganz klein bisschen rührselige Frauen schwören können.

Was Sie aus diesem Kapitel gelernt haben sollten
Sie können rennen, schreien und alte Fotos zerfetzen, am Ende bleiben Sie doch genau der Mensch, der Sie sind. Der

Knüller daran: Allen anderen geht es genauso. Wenn es blöd läuft und Sie sich in jemanden verlieben, der auf einer anderen Entwicklungsstufe steht als Sie, sollten Sie genau prüfen, ob Sie 1.) Geduld haben, auf den anderen zu warten und ihm genügend Wachstumsspielraum einzugestehen (was wehtun kann), und außerdem auch über einen längeren Zeitraum in der Lage sind, gemeinsam den Überblick über das große Ganze zu bewahren. Und 2.) ob Sie vermuten, dass aus dem komplizierten Gekröse, das Sie Ihre Beziehung nennen, irgendwann, zur Not auch nur mit ärgster Phantasie, ein tragfähiges, ehrliches Bündnis zustande kommen kann. Wenn Sie beides bejahen, zögern Sie nicht. Die Arbeit lohnt sich, vor allem für Sie selbst.

Wie daraus doch noch eine gesunde Beziehung werden kann

Großmut, Langmut und überhaupt alles mit Mut nützen hier, um nicht in Panik zu geraten. Haben Sie keine Furcht davor, loszulassen. Manchmal ist eine gesunde Distanz der einzige Schlüssel zur Nähe. Oder Sie hauen ab. Das geht natürlich auch.

DER ICH-BIN-NOCH-NICHT-SO-WEIT-MANN

Ich wurde mal auf einer Veranstaltung gefragt, ob ich glaube, dass Singlesein vielleicht eine Art Beziehungsform der Zukunft sei. Bindung fände dann nur noch von Zeit zu Zeit statt, zum Beispiel zum gemeinsamen Essen oder um Sex zu haben, und den Rest der Zeit würde man mit Freunden verbringen oder eben ganz allein, auf jeden Fall ohne die Verantwortung einer ganzen Beziehung hintendran. In dem Raum saßen ungefähr hundert Menschen. Ich bat alle Singles im Raum, die Hand zu heben. »Stellen Sie sich vor«, sagte ich, »ich hätte für jeden von Ihnen den passenden Lebenspartner, einen, mit dem Sie lachen und weinen können, der Ihren schlechten Geschmack an Kinofilmen teilt und Ihre Vorliebe für Designmöbel. Einer, auf dessen Rückkehr Sie sich auch in fünfzehn Jahren noch freuen werden, selbst wenn der- oder diejenige nur mal eben über das Wochenende verreist war. Besser noch: Jemanden, mit dem der Sex immer noch Spaß macht, mit dem Sie hemmungslos knutschen wollen und in Sonnenuntergänge starren und massenweise merkwürdige Pläne machen. Wenn Sie so einen Partner haben wollen, dann nehmen Sie jetzt bitte die Hand wieder herunter.«

Wie man sich vorstellen kann, gingen fast alle Hände nach unten. Bis auf eine. Die gehörte einem jungen Mann (im familienfähigen Alter), der ganz gut aussah und das offenbar auch wusste. Er war übrigens nicht der Fragesteller. Mit seiner erhobenen Hand stach er natürlich aus der Masse der Romantikwilligen ziemlich heraus, und die anderen sahen ihn an wie einen, der sich gerade freiwillig dazu gemeldet hatte, putzigen Welpen das Fell bei lebendigem Leib abzuziehen. »Ich glaube nicht an Beziehungen«, sagte er trotzig, »die Menschheit hat sich weiterentwickelt. Wir brauchen Beziehungen nicht mehr für unser tägliches Überleben, sondern nur noch als emotionalen Ausgleich. Dazu braucht man keinen festen Partner.« Sofort brach ein ziemlicher Tumult los, und ich bin bis heute nicht sicher, ob die anderen so protestierten, weil sie ihm widersprechen wollten, oder ob sie sich heimlich schämten, weil sie hemmungslos träumerische Romantiker waren.

Ich verstand den Standpunkt des Mannes, zumindest teilweise. Beziehungen waren früher die Medizin, die ganze Landstriche vor dem Aussterben bewahrten. Man tat sich zusammen, um Dörfer zu vereinen, Äcker zu bestellen oder Firmen aufrechtzuerhalten. Jeder, der einmal versucht hat, das Leben allein zu gestalten, und sei es nur, eine Pizza zu backen, der weiß, dass es ungleich mühsamer ist, als wenn man jemanden hat, der für einen die Pilze in Scheibchen schneidet und die Tomatensoße rührt. Gleichzeitig kann es wahnsinnig anstrengend sein, anschließend darüber zu diskutieren, wer denn nun den Abwasch macht, weil jeder so einen Freund hat, der beim

Abwaschen/Rechnungbezahlen/Aufräumen schnell mal aufs Klo verschwindet. Und am Ende des Abends steht man da und denkt: Pah, das nächste Mal mache ich es doch lieber allein. Wer schon mal vor der hässlichen Aufgabe gestanden hat, eine Beziehung zu beenden, der kennt das. Man schleppt sich wochen- oder monatelang mit üblen Gefühlen durch die Gegend, findet dann endlich den Mut, das Gespräch zu beginnen – und erzählt dann doch erst mal ziemlichen Schwachsinn.

»Nein, es liegt nicht an dir. Ich habe mich nur in eine andere Richtung entwickelt.«

»Doch, ich finde dich sehr attraktiv. Aber weißt du, ich bin einfach nicht gut genug für dich. Ich verdiene dich gar nicht. Wirklich nicht.«

»Das mit deiner besten Freundin hat sich ganz langsam entwickelt. Und dann warst du so lange weg, da haben wir eben entdeckt, dass wir uns total super verstehen. Was meinst du damit, du warst nur zwei Tage weg? Das ist für Liebende eine total lange Zeit!« Etc.

Nein, hoffentlich nicht. Sie sind natürlich so reif und sagen das einzig Vernünftige, was man in einer solchen Situation sagen kann: »Ich liebe dich nicht, und ich weiß, dass das jetzt überhaupt nicht hilft, aber ich wollte dir ganz bestimmt nicht wehtun.« Und dann können Sie noch hinzufügen: »Weil ich nämlich kein narzisstisch gestörter Vollarsch bin und genau weiß, dass ich nicht das Recht habe, deine Zeit mit Mittelmäßigkeit zu verplempern.« Und damit wären wir schon mittendrin im Thema.

Sich mit mittelmäßiger Grütze zufriedenzugeben scheint so eine Art Zivilisationskrankheit unserer Zeit zu sein.

Die Mittelmäßigkeit erstreckt sich auf alle Gebiete: Wir essen Zeug, das mithilfe von Düngemitteln sogar auf Altpapier wächst, wir akzeptieren politische Entscheidungen, die jeder Vernunft widersprechen, und wir führen Beziehungen mit Menschen, denen wir nicht die geringsten Entwicklungschancen einräumen. All das hält einen zwar irgendwie am Leben, doch es nährt einen nicht. Es gibt aber ein paar Grundbedürfnisse, die der Mensch hat und die ihn in der Tiefe seines Wesens glücklich machen. Dazu gehört Kontakt zur Natur. In der Psychotherapie ist es längst üblich, Menschen einfach mal ein wenig in der Erde wühlen zu lassen. Probieren Sie es aus, Sie werden sich danach viel besser fühlen als nach einem Spa-Besuch.

Und dazu gehören feste Bindungen.

Dass eine Beziehung eine erschreckende Sache ist, haben wir schon festgestellt. Man wird ständig mit sich selbst konfrontiert, mit seinen Fehlern und Makeln, mit der eigenen Unbeständigkeit und all den unerfüllten Hoffnungen, und muss gleichzeitig noch mit einem anderen Menschen klarkommen, der ebenso viele Defizite mit sich herumschleppt. Und wenn man nicht vollkommen mit sich im Reinen und einigermaßen unverletzt durch die Kindheit gekommen ist, dann ist die Chance ziemlich groß, dass man sich bei der Partnerwahl das eine oder andere Mal ziemlich vertut. Und wenn man dann nach einer sinnesbetäubenden (und überaus mittelmäßigen) Kackbeziehung wieder an die Oberfläche des Singlesees ploppt, dann kann es durchaus passieren, dass man sich sagt: »Macht euren Scheiß doch alleine.« Vielleicht merkt man das nicht mal, vielleicht hat man gleich so viel Angst vor dem Scheitern, dass man es nicht mal *versucht*. Das Ergebnis ist dann ungefähr das Gleiche wie tot sein, mit dem Unterschied, dass man nicht verfault.

Angst zu haben ist keine Schande, solange man den Schneid hat, sich die Angst einzugestehen. Zu scheitern ist kein Problem, solange man seine Misserfolge zur Weiterentwicklung nutzt. Ich zum Beispiel habe schon so viel aus meinen Fehlern gelernt, dass ich ständig versucht bin, neue zu machen. Allerdings nicht mehr mit diesem Typen: dem Ich-bin-noch-nicht-so-weit-Mann.

Mein IBNNSW war so klug. So attraktiv. So gut in Oralsex. Mit anderen Worten: Im Tortendiagramm meines Lebens nahm er den meisten Platz in der Kategorie ›Warum ich zu viel Eiscreme esse‹ ein. Sonst war nicht allzu viel bei ihm zu holen. Verantwortung fand er blöde, Verbindlichkeit auch, und überhaupt war alles doof, was irgendeinen Stallgeruch aus der Ecke Beziehung an sich hatte. Der IBNNSW ist der moderne Phänotyp des Beziehungsphobikers.

Ich kenne kaum eine Frau, die noch nie an einen IBNNSW geraten ist. Sie verstecken sich in allen Gesellschafts- und Altersschichten, und sie haben auf jede Situation die passende Ausrede parat: Ich bin noch nicht so weit. Was soll man dazu auch sagen? »Na gut, dann eben in ein paar Jahren. (PS: Fuck you.)«

Moderne Frauen sind natürlich keine leichten Partnerinnen. Sie haben überhöhte Ansprüche an sich selbst. Sie wollen beruflich erfüllt und erfolgreich sein, gut aussehen, gesund sein, sportlich, humorvoll, flexibel, abenteuerlustig, weltgewandt, reisefreudig, erfahren, sexuell hingebungsvoll und experimentierfreudig, aufgeklärt, emanzipiert, politisch gebildet und dazu noch eine Eins-a-Mutter. Dass das nicht zu stemmen ist, dürfte einleuchten. Und sie haben überhöhte Ansprüche an ihren Partner. Männer sollen männlich sein und stark. Aber auch schwach und sanft; erfolgreich im Beruf, ohne seine Seele dafür zu verkaufen; statusbewusst, aber gern im Einklang mit der Natur; einen guten, stabilen Freundeskreis haben, aber am liebsten Zeit mit IHR verbringen. Voller Pläne stecken, treu, lustig, unkompliziert, wachsam, sexuell einfallsreich und geschickt im Umgang mit der modernen Küche. Gebildet, politisch versiert; sie sollen hingebungsvolle Väter und leidenschaftliche Kämpfer im Elternbeirat der Grundschule sein, ausgestattet mit dem dicksten Paar Eiern, die das Land zu bieten hat.

Abgesehen vom Entrepreneur Elon Musk (über dessen Hodenzustand seine Exfrau gesagt hat: »Elon hat Eier aus Stahl«) kenne ich niemanden, der den oben genannten Bedürfnissen auch nur ansatzweise in Personalunion entspricht. Und jede vernünftige Frau weiß das auch. Dennoch bleibt die Hoffnung, dass es irgendwo da draußen einen Kerl gibt, der genau so ist, wie es sich in Hollywoodfilmen manchmal anfühlt. Es ist absurd. Ich kenne intellektuelle, starke Frauen, die immer noch auf den Prinzen warten und ihre Lebenszeit damit verstreichen lassen, gute, feine Männer abzulehnen, weil sie auf den Jackpot hoffen, den sie nie knacken werden. Und ganz ehrlich: Eier aus Stahl können auch wehtun.

Man weiß aus der Forschung, dass überhöhtes Anspruchsdenken und überstarke Konsumphantasien zu großem seelischen Unglück führen. War es früher leichter, eine tragfähige Beziehung zu finden? Zumindest war der Rahmen enger gesteckt. Zu Zeiten meiner Großmutter haben Frauen nur bedingt über ihren Lebensplan entschieden. Freiende Herren mussten beim Vater um die Hand der Tochter anhalten, und der entschied nicht immer zugunsten der Liebe, sondern häufig zugunsten der Wirtschaftskraft des jeweiligen Bewerbers. Die Wirtschaftskraft der Bewerber wird heute von Frauen eher unter- als überschätzt, was dazu führt, dass Männer und Frauen gemeinsam an der Entmannung des Kerls arbeiten. Denn in Zeiten, in denen Frauen fast alles allein erledigen können, ist die Arbeitswelt eine der wenigen Domänen, in denen Männer sich noch behaupten und wie Macker fühlen können. Ist das gut oder schlecht? Sicher ist, dass viele Männer immer noch große Probleme damit haben, wenn die Frau deutlich mehr verdient als sie. Und diejenigen, die überhaupt keine Lust haben, irgendwelchen Ansprüchen an sie gerecht zu werden, machen dicht.

Da Männer eine deutlich leiser tickende biologische Uhr haben als Frauen, spielt die Zeit auf ihrer Seite. Ein Vierzigjähriger kann immer noch sagen: »Pah, ich muss mich noch nicht binden. Als Alec Guinness sein letztes Kind gezeugt hat, war er über siebzig!«

Meine alte Schulfreundin Marion hat ein spezielles Händchen für Männer. Sie ist so etwas wie eine IBNNSW-Sammelstelle, und wir sollten ihr alle dankbar sein. Was es an Ausreden gibt, warum dieses oder jenes nicht geht – Marion hat sie alle.

Einmal waren Mimi und ich mit Marion und ihrem aktuellen IBNNSW im Restaurant. Marion war nervös (sie stellte ihre IBNNSWs ungern vor, weil sie so rasch wechselten), während er sich in der Kraft seiner Männlichkeit sonnte und deutlich zeigte, dass er als paarungsbereiter Mann niemals Probleme bei der Weibchenfindung haben würde – und darum auf jede Art von Zustimmung verzichten konnte. Mit anderen Worten: Er bewegte sich an der Grenze zur Unhöflichkeit und war irgendwie lieblos. Es fiel uns schwer zu verstehen, was Marion von ihm wollte, außer ein bisschen Sex und das Gefühl, nicht allein zu sein.

»Wollen wir das Rehgulasch teilen?«, fragte Marion mit Blick auf die Karte.

»Du weißt doch, ich habe lieber meinen eigenen Teller«, sagte er. Und fügte dann noch ein abfälliges Hüsteln hinzu. Marion hatte sich ein Arschloch erster Güte herausgepickt, aber sie versicherte uns: »Zu Hause ist er ganz anders.«

Zu Hause ist er ganz anders – das sagen Frauen ständig, wenn sie eigentlich wissen, dass sie ihre Zeit mit einem Vollidioten verschwenden, aber zu feige sind, die Sache zu beenden. Ich verstehe das. Manchmal ist es angenehmer, mit einem Vollidioten ins Kino zu gehen als allein, häufig ist es schöner zu glauben, dass man jemandem wichtig ist, selbst wenn es für diesen Glauben eine Menge Selbstüberredungskunst bedarf. Und viele Männer sind, wenn sie nicht mit der harten Realität konfrontiert sind – zum Beispiel mit anderen Menschen oder Situationen, die gewisse Umgangsformen verlangen –, ganz erträgliche Gesellen. Mit einem anderen Menschen umzugehen ist natürlich auch nicht allzu schwierig, vorausgesetzt, man besitzt ein gewisses Maß an Selbstkontrolle und hat einen IQ über neunzig.

Wir brachten das Essen mit Mühe hinter uns und hörten den Geschichten des IBNNSW zu, der beinahe jeden Satz mit den Worten »Ich habe ja« oder »Ich will nicht angeben, aber« begann. Später gingen Mimi und ich in die eine, Marion und der IBNNSW in die andere Richtung, und wir verzichteten in gegenseitigem Einvernehmen auf einen unangenehmen Absacker. Am nächsten Tag rief sie an.

»Es tut mir leid«, sagte sie. »Ich weiß auch nicht, was mit ihm los war.«

»Das muss dir nicht leidtun«, sagte ich. »Du musst ja Zeit mit ihm verbringen. Glaubst du, ihr habt eine Zukunft?«

»Wenn wir alleine sind, ist er total süß«, sagte sie. »Also, nicht immer, aber meistens. Und was die Zukunft betrifft, er macht halt nicht gerne Pläne. Aber das kommt sicher noch, wir sind ja noch nicht so lange zusammen.«

Hier liegt der nächste Fehler. Niemand muss Pläne machen, um ein Leben zu gestalten. Mit manchen Menschen hat man keine Zukunft, sondern nur eine Gegenwart. Gegenwart ist gut. Nur muss man dazu stehen. Mit Männern, mit denen man keine Zukunft hat, führt man eine Liebschaft, keine Beziehung. Wer versucht, in der Verbindung etwas anderes zu sehen, wird leiden, das ist Gesetz. Marion konnte aber nie akzeptieren, keine Zukunft zu haben. Ihr Liebesleben war ein einziges »Jetzt muss nur noch das und das passieren, und dann wird es funktionieren«. Sie fragte ihre IBNNSWs in loser Reihenfolge Dinge wie:

»Könntest du dir vorstellen, mit mir zusammenzuziehen?«

»Denkst du, wir könnten mal zusammen in Urlaub fahren?«

»Kommst du vorbei, meine Freundinnen/Eltern/Patentanten würden dich gerne kennenlernen?«

»Gehen wir zusammen in dieses Restaurant, von dem du neulich so geschwärmt hast?« Und so weiter.

Die Antwort war inhaltlich immer dieselbe: »Ich bin noch nicht so weit.« Sie konnte auch lauten: »Bald, ich muss erst noch dieses Projekt fertig machen« oder »Du, beim nächsten Mal bestimmt, heute fühle ich mich nicht so nach Gesellschaft«. Am Ende lief es immer auf das Gleiche hinaus. Marion war im Grunde immer noch allein, nur dass sie jemanden hatte, der ihr zusätzlich Energie absaugte. So in eine Decke des stillen Leidens eingehüllt, war es ihr sogar unmöglich, sich um sich selber zu kümmern und Dinge zu tun, die ihr Freude bereitet hätten. Wie ein kleiner Hund stand sie hechelnd in der Gegend herum und wartete, dass ihr der IBNNSW ein Stückchen Anerkennung hinwarf.

Für jeden Außenstehenden ist es klar, dass in solchen Bindungen ein emotionales Ungleichgewicht herrscht. Ein Mann, der dauerhaft Sex mit einer Frau hat (mehr ist es oft nicht, machen Sie sich keine Hoffnungen), von der er weiß, dass sie eine Partnerschaft will, ist kein cooler Hund, sondern eine schlechte Person. Selbst wenn er ihr vorher sagt, dass er eigentlich keine Beziehung will, benutzt er doch ihre Zuneigung, um sich selbst ein bisschen glänzender, schöner und herrlicher zu fühlen, als er tatsächlich ist. Und ein Arschloch kann man zwar pflegen, man kann es bleichen, eincremen und enthaaren, es ist und bleibt ein Arschloch.

Marion hat sich zum Glück bald darauf von ihrem IBNNSW getrennt und macht jetzt eine Therapie, worüber ich sehr froh bin. Sie fragt sich, warum sie sich selbst so wenig wertschätzt, dass sie sich mit Menschen zusammentut, denen sie im Grunde egal ist. Denn das bedeutet »Ich bin noch nicht so weit« wirklich.

Was Sie aus diesem Kapitel gelernt haben sollten

Es gibt Menschen, die tatsächlich massive Bindungsängste haben. Denen der kalte Schweiß ausbricht, sobald Sie auch nur Ihre Zahnbürste aus Versehen liegen lassen oder ein Paar Strümpfe. Dann gibt es solche, die narzisstisch erkaltet sind und sich einfach nicht einlassen wollen, weil sowieso niemand gut genug ist. So oder so liegen hier schwerwiegende psychische Störungen vor, die zu lösen nicht Ihre Aufgabe ist. Denken Sie an Ihre kostbare Lebenszeit. Und daran, was für ein fabelhaftes Geschöpf Sie sind. Haben Sie wirklich nichts Besseres verdient? Ich denke schon.

Wie doch noch eine gesunde Beziehung daraus wird

Indem Sie abhauen. Tun Sie es jetzt. Nicht später. Nicht morgen. Jetzt.

Dass die Engländer lustiger sind als die Deutschen, ist kein Gerücht. Es ist nicht lange her, da scheint draußen die Sonne und ich bin mit einer Gruppe Engländer unterwegs, mit solchen von der höflichen Art. Trotz der vornehmen Herkunft der Herren sprechen sie sehr freizügig über Sex und den Spaß, den man dabei haben kann. Und weil es sich so ergibt, erzählt der eine von einem Freund, der während des Fahrradfahrens, ohne sich zu benetzen, pinkeln kann, indem er den Schwanz seitwärts an der Hüfte vorbeiführt. Die Männer am Tisch rufen begeistert Zustimmung, denn während des Radelns pissen zu können ist eine praktische und darum begehrenswerte Fertigkeit. Die Frauen sehen das allerdings anders. Für sie ist die Größe eines solchen Gemächts schier »unmanageable«. Ich kann das verstehen. In britische Frauen passt zwar mehr Bier als in deutsche, aber nur die gleiche Menge Penis. Es hat eben alles sein Für und Wider.

Ein paar neue Worte lerne ich auch noch. Dogging kannte ich schon, das ist das öffentliche Vögeln auf Parkplätzen. Gulling hingegen habe ich noch nie gehört. Gulling stammt von dem Wort Seagull, Möwe, ab und nimmt Bezug auf Farbe und Form von Möwenkacke, die immer dort herunterfällt, wo viele Möwen sind. Gulling ist also das, was dem Auto beim Dogging passiert, wenn viele Männer mit Erektion drum herum stehen. Es ist kein schönes Bild, das gebe ich zu, aber wer nach England reist und gerne die Parkplätze dort besichtigt, sollte sich diese Fakten vielleicht einprägen. Dazu passend gibt es den Spiderman, was wiederum die mit Sperma bekleckste Hände der händischerweise an einer Doggingsession teilnehmenden Frau ins Spiel bringt. Wenn die also nun die Hände Richtung Auto ausschüttelt, ist das, was dann am Lack klebt, ein Spiderman. Am Schluss möchte ich noch das Wort Shrimping hinzufügen, das aber ganz harmlos ist. Es bedeutet: an den Zehen lutschen.

Obwohl ich wirklich keine Affinität zu britischen Parkplätzen habe, begibt es sich ein paar Wochen später, dass ich im Namen der Forschung tatsächlich auf die Insel reisen darf. Mein Auftrag lautet, mich ausführlich über Dogging zu informieren. Es gibt rosigere Aussichten im Leben einer Frau, als mit einem Haufen nackter Briten nachts auf einem Parkplatz zu stehen, aber ich will mich nicht beschweren.

Ich finde ja, prinzipiell kann man nie genug Sextipps bekommen, und sei es nur, um ein bisschen was zu lachen zu haben. Das Herrliche daran ist natürlich die Vorstellung, dass Menschen sie tatsächlich ausprobieren, und zwar mit ganz ernsten Gesichtern.

Diesen hier haben ich kürzlich gelesen: »Sie überrascht ihn, indem sie sagt, sie bräuchte schnell mal etwas Wechselgeld. Dann fasst sie ihm in die Hosentasche, berührt dabei den Penis, bis er zu einer ordentlichen Erektion angeschwollen ist, und sagt dann: Ist das eine Rolle Euros in deiner Tasche, oder freust du dich einfach, mich zu sehen?«

Das ist natürlich irre komisch, es sei denn, man ist mit

einem Bankangestellten liiert oder einem Supermarkt-
kassierer. Zum Beispiel hatte mein Filialleiter in dem
Supermarkt, in dem ich als Schülerin gejobbt habe, *immer*
Geldrollen in der Hosentasche (das weiß ich von Erika
aus der Frischeabteilung). »Ist das eine Geldrolle in deiner Tasche, oder freust du dich einfach, mich zu sehen?« –
»Tja, also, ich freue mich schon, aber ich habe hier ein
paar Rollen Ein- und Zweieuromünzen, die schnell zur
Bank müssen.« Damit ist schließlich die ganze Nummer
versaut.

Viel einfacher ist da dieser Ratschlag, den ich auf dem
Flug nach London in der britischen »Cosmopolitan«
lesen darf: »Wenn Sie einen Mann wirklich wollen, dann
dürfen Sie ihm das nicht sagen. Zeigen Sie ihm die
kalte Schulter – und Ihr Dekolleté.« Das erklärt doch
alles. Falls also noch mal jemand behauptet, die britischen Frauen würden sich kleiden wie fleischgewordene
Auffahrunfälle, dem sei gesagt: Sie können wirklich
nichts dafür.

Nun ist es in Großbritannien zwar so, dass sich das
Dogging zwar recht großer Beliebtheit erfreut, was mich
bei der mangelhaften Wandstärke britischer Häuser überhaupt nicht wundert – sie sind es einfach gewohnt, einander zuzuhören. Da ist das bisschen Gucken zusätzlich
keine große Überwindung. Trotzdem ist es nicht so, dass
es auf jedem Parkplatz zugeht wie in einem Partykeller.
Wir fahren ewig herum, bis wir schließlich eine Frau
treffen, die uns immerhin einen Hinweis gibt, wo heute
Nacht die große Party steigt.

Leider findet das Ganze nicht auf einem gewöhnlichen

Parkplatz statt, sondern auf einem Parkplatz mitten im Wald. Wenn ich mitten im Wald sage, dann meine ich dreißig Minuten Fahrt durch schwärzeste Nacht. Dogging, das per definitionem eigentlich das Vögeln an öffentlich zugänglichen Orten meint, bedeutet in diesem Fall: sehr tief drin im Nichts. Um mit Raymond Chandler zu sprechen: Es ist dunkel wie eine Wagenladung voller Arschlöcher.

Nicht nur das. Es stürmt auch noch. In dem Landstrich, in dem ich mich befinde, in der schönen Grafschaft Devonshire, ducken sich die Kiefern im Wald vor den ständigen Böen, die vom Meer her über das Land ziehen. Es knackt und knirscht, und dann fängt es auch noch an zu regnen. Ich stehe im Regen und schaue mich um und fühle mich wie in einem Horrorfilm, kurz bevor von hinten ein Typ mit Karnevalsmaske und Hackebeil auftaucht.

Draußen herumstehen bringt beim Dogging erst einmal gar nichts. Der Kodex des gewieften Doggers besagt, dass nur dort, wo ein Auto ist, auch vernünftig gevögelt wird. Ich klettere also ins Auto zurück und schalte die Innenraumbeleuchtung ein. Merke: Licht im Auto bedeutet: Bitte zuschauen. Licht aus bedeutet: Bitte weggucken (wobei ich nicht verstehe, wofür man dann auf eine Doggingsite fährt). Bremslichter an bedeutet: Zwei Männer bei der Arbeit. Fenster auf bedeutet: Nicht nur gucken, sondern auch zupacken. Egal, wo die Männer draußen am Auto schon überall ihre Hände hatten. Mir sitzt die Vorstellung von Gulling jedenfalls sehr lebendig mitten im Hirn.

Ich sitze also im Wald. Es ist finster, es stürmt, der Regen klatscht nur so an die Scheiben. Und meine Innenraumbeleuchtung strahlt. Jeder, der auch nur einmal einen Thriller gelesen hat, weiß, dass das in der Einsamkeit eines dunklen Waldes das Dämlichste ist, was man tun kann. Der geneigte Killer muss sich nicht mal mühevoll anschleichen, weil man aus dem Auto heraus nur ungefähr einhundert Zentimeter weit überhaupt etwas erkennen kann. Dabei ist das natürlich genau das, was ich will: Einen Irren anlocken, der darauf steht, nachts in erlkönigmäßigem Regen und Sturm sich im Wald einen von der Palme zu wedeln.

Es dauert ungefähr fünf Minuten, da kommt schon die erste Motte zum Licht. Es ist ein kleiner Wagen, vielleicht ein Corolla, und er ist schwarz. Das Ding ist, dass hinten in meinem Fahrzeug, geduckt und versteckt, ein ganzes Fernsehteam sitzt. Kameramann, Ton und Licht. Ich kann natürlich nicht aus dem Wagen springen und rufen: »Herzlich willkommen im deutschen Fernsehen. Sie sehen hier einen echten Dogger in seinem natürlichen Habitat! Gleich wird er uns zeigen, was für fabelhafte Kunststücke er so draufhat.«

Nein, Interviewpartner muss man anwärmen. Wir gucken uns eine Weile verwirrt an. Ich, weil ich gerade meinem ersten Dogger ins Auge blicke, er, weil ich komplett angezogen allein auf dem Beifahrersitz hocke und offensichtlich nicht in sexuelle Aktivitäten verwickelt bin. Ich steige also aus, werfe die Fahrertür zu und gehe den einen Schritt bis an sein Fenster. Er ist klein, hat einen runden, fast haarlosen Kopf und trägt eine Brille, die mich witzigerweise an den Taximörder aus der BBC-Reihe »Sherlock Holmes« erinnert. Ich schätze ihn auf ungefähr sechzig.

Da der Regen immer stärker wird, beuge ich mich also ein wenig in sein Fenster und lasse mein Sprüchlein los, wer ich bin und was ich suche und so weiter, und er sagt nichts anderes als »Hä?« und »Wie?«.

Und erst nach einer grauenvollen Sekunde der Erkenntnis sehe ich, was sich tatsächlich vor mir ausbreitet.

Er ist nackt. Das heißt, nicht komplett. Obenrum trägt er nämlich eine schwarze Lederjacke, vielleicht weil ihm sonst bei geöffnetem Fenster schnell kühl wird. Und einem natürlichen Automatismus folgend, spielt er, während wir sprechen, die ganze Zeit an seinem Pimmel herum. Ich nehme an, als Dogger hat man nicht viel Zeit, darum muss man immer bereit sein, sofort sein Bestes zu geben. Noch hat er keine Erektion, aber er arbeitet tapfer darauf hin. Wir sind beide von der Situation überfordert. Was soll ich tun?

a) Ich stemme empört die Hände in die Hüften und rufe: »Pfui, Sie Perversling! Von einem Mann Ihres Alters hätte ich aber wirklich mehr Anstand erwartet!«

b) Ich schütte ihm einen Kübel Wasser in den Schoß und rufe: »Zeigen Sie ein bisschen Respekt für Ihren eigenen Ruf, Mann!«

c) Ich werfe die Hände vors Gesicht und schreie: »Hilfe! Hilfe!!«

Natürlich entscheide ich mich für Möglichkeit d). Und tue so, als sei es für mich vollkommen normal, nachts in einem stürmischen Wald zu stehen und mich zu einem nackten Fremdling ins Auto zu beugen, während der an seinem Löres herumspielt.

»Also«, sage ich, »es wäre so, dass ich Ihnen ein paar Fragen stelle, weil mich das Thema sehr interessiert. Und Sie erklären mir dann, was Ihnen so Freude macht am Dogging.«

»Freude?«, sagt er. »Ah. Okay. Ja, das könnte ich, denke ich.« Währenddessen hobelt er weiter an seinem Schwanz rauf und runter, wahrscheinlich so eine Art Panik-Übersprungshandlung. Er hat gedacht, er kriegt ein Happy End, und jetzt ist alles, was er bekommt, ein Happy Interview.

»Sie würden also mitmachen? Dann würde ich jetzt das Team heranwinken.«

»Ja, gut. Meinetwegen.«

Ich mache also das Zeichen für »Okay« Richtung Auto, woraufhin sich die drei Leute auf dem Rücksitz benehmen wie Frankensteins Monster kurz nach dem Blitzeinschlag. Sie springen alle gleichzeitig hoch und purzeln wild hampelnd und gestikulierend aus dem Wagen. Selbst mich erschreckt der Anblick, und ich kenne sie schon eine Weile. Die spärlich beginnende Erektion des armen Doggers verschwindet, sein Gesicht wird blass, und er stammelt etwas wie »Nein, lieber doch nicht«, bevor er derart aufs Gas tritt, dass von meiner Doggingexperience nur noch dicke Schlammspuren zurückbleiben, in denen sich gurgelnd das Regenwasser sammelt.

Jedenfalls bringt mir diese Episode recht lebendig in

Erinnerung zurück, dass sehr viele Leute mit der totalen Normalität, also der Abwesenheit von Dogging & Co., ziemlich zufrieden sind.

DER NEOTRADITIONALIST

Manche Menschen träumen davon, einmal als Astronaut ins Weltall zu fliegen. Andere träumen davon, Genitalien zu haben, die in der Sonne glitzern, wie Edward Cullen. Und dann gibt es die Menschen, die von einem Leben aus dem Baukastenset träumen. Eine Doppelhaushälfte, zwei Kinder, ein Golden Retriever, und dazu eine nette Frau. Wenn Sie diese nette Frau sind, müssen Sie im Grunde nichts tun, außer da zu sein, und vielleicht noch Mitglied im Tennisklub werden.

Als ich ein Kind war, gab es eine Menge dieser Typen, ganz einfach, weil Doppelhaus-Kinder-Hund der Lebenstraum der in den Vierziger- und Fünfzigerjahren geborenen Menschen war. Kein Wunder. Für einen Kriegs- oder Nachkriegsgeborenen gibt es nichts Wichtigeres als Sicherheit, und Sicherheit findet sich vor allem da, wo nach Schablone gelebt wird. Für uns Kinder bot das ein ideales Spielfeld für Manipulationen miesester Art, denn die Baukastenmenschen waren extrem berechenbar. Mit der Zeit entwickelten wir Touren durch die Nachbarschaft, schnorrten Pfandflaschen (»Aber nein, die können doch wir mitnehmen!«), mähten Rasen (Sonderpreis eins fuffzich) und wuschen Autos (bis zu fünf Mark die Stunde). Wir kleideten uns ordentlich, wenn wir etwas wollten, zeigten unsere Zeugnisse vor und trugen Schleifchen und Scheitel, solange es nur unseren Zwecken diente. Und später feierten wir in den sauberen Häusern wüste Partys, während Mutti und Vati beim monatlichen Kegelturnier waren, und vögelten auf den Betten, bis die Lattenroste zerbarsten. Wir splitteten uns in Skater, Popper, Punks und Gruftis und waren uns vor allem darin einig, dass wir auf keinen Fall so angepasst und trocken werden wollten wie unsere Eltern.

Zwanzig Jahre später sieht die Sache natürlich anders aus. Der Mensch strebt immer dorthin, wo er sich auskennt, und im Fall meines Freundes Alexander hieß das: zurück ins Baukastenhäuschen.

Alexander hatte ein paar wilde Jahre gehabt. Ich weiß noch, wie er sich einmal gleich vor seiner Haustür eine Rampe für das Skateboard baute. Das Haus seiner Eltern lag am Hang, die Straße führte ganz leicht abschüssig auf eine größere Hauptstraße. »Mit dem Tempo, das ich durch das Abwärtsfahren draufkriege, springe ich doppelt so weit«, sagte er und schnappte sich sein Brett. Wir anderen hielten den Atem an, während Alexander Anlauf nahm. Er kam auf uns zugerollert, nahm noch mal ordentlich Schwung, schaffte es auf die Rampe und flog genau so weit, wie er es vorausgesehen hatte. Leider verlor er mitten im Flug sein Skateboard, fiel seitlich auf den Asphalt, und weil er noch versuchte, seinen Sturz mit dem linken Arm abzufangen, brachen ihm Elle und Speiche mit einem lauten Knacken mittendurch. Nachdem sich das erste Geschrei gelegt hatte, kam seine Mutter herausgestürzt, betrachtete ihren Sohn, dessen Arm in einem unnatürlichen Winkel abstand und deutliche Spuren eines offenen Bruchs zeigte (mitten auf dem Unterarm war ein blutendes Loch, aus dem etwas Spitzes ragte), presste sich die Hand auf die Magengegend und sagte: »Ich brauche jetzt erst mal einen Schnaps.«

Die folgende Zeit der Rekonvaleszenz nutzte Alexander, um sich zahllose Mädchen einzuladen, die voller Mitleid auf seinen Gips schielten und sich zu allerlei sexuellen Gefälligkeiten hinreißen ließen, denn kein Wesen auf der Welt ist bejammernswerter als ein verwundeter Mann. Von dem Ruhm seiner Verletzung zehrte er viele Jahre, sogar bis weit ins Studium hinein. Er ließ sich einen Indianerhäuptling auf die Brust tätowieren, und ich möchte wetten, dass er Damen, die er nach allen Regeln der Kunst flachgelegt hatte (»Möchtest du mal eine wirklich schreckliche Narbe sehen?«), anschließend auf einer Liste unterzeichnen ließ, damit er den Überblick nicht verlor: »Was meinst du mit ›Neunundsiebzig ist aber wirklich viel‹? Ich bin doch auch schon ein bisschen älter!«

Dann hörte ich einige Jahre nichts von ihm, bis er mich eines Tages anrief, um mich in sein Eigenheim einzuladen. Auch ihn hatte es von Bonn nach Berlin verschlagen, wie so viele aus unserem Jahrgang.

»Du weißt doch, was ein Passivhaus ist«, fragte er mich, während er mich durch ein Einfamilienhaus führte, das so auch 1972 in irgendeinem Vorort hätte stehen können. »Im Grunde müssen wir gar nichts mehr tun, außer zu atmen. Du kannst dir nicht vorstellen, was ich da pro Jahr an Kosten spare.« Er trug ein Hemd und einen Wollpullover mit V-Ausschnitt, dazu eine Jeans und braune, zu große Hausschuhe. Es war ein wenig, als stünden wir in einer Kulisse für einen Loriotfilm.

»Toll«, sagte ich, weil ich nicht wusste, was ich sonst sagen sollte. »Ja, toll«, sagte auch Alexanders Frau Claudia, die um die Ecke kam und beobachtete, wie ihr Mann die Fensterrahmen aus bestem Ökoholz streichelte. In ihrer Stimme schwang die ganze Passiv-Aggressivität einer Ehefrau mit, wie man sie nur nach fünfzehn Jahren Beziehung hinbekommt. Die Message war klar. Sie hatte Crocodile Dundee geheiratet, nur leider hatte der sich in Opa Hoppenstedt verwandelt. Sie war unzufrieden, wie das Leben lief, sie fand, dass Alexander ihr zu viel versprochen und zu wenig gehalten hatte. Sie war davon ausgegangen, dass Alexanders Lebensträume überdimensional waren, obwohl sie in Wahrheit nur ein Ziel hatten: sicher und kuschelig alt werden wie seine Eltern. Tatsächlich hatten Alexander und Claudia zwei Kinder bekommen, und im Flur lag ein träger, leicht übergewichtiger Golden Retriever.

Während des Nachmittagstees erzählte Alexander im Wesentlichen von seinen Errungenschaften als Bauherr und seinem Job als Controller in einer Softwarefirma. Das ist natürlich ein totaler Witz. Alexander war in Sachen Geld nie besonders vertrauenswürdig. Wenn ich ihm früher zehn Mark geliehen habe (»Ich muss dringend meine Oma besuchen und brauche Geld für Blumen!«), konnte ich sicher sein, dass ich das Geld nie wieder sehen würde, weil Alexander sich davon Hasch gekauft und völlig bekifft vergessen hatte, dass er selber überhaupt keine Kohle hatte. Jedenfalls hatte ich ziemlich rasch den Eindruck, dass er jede Form von Progression abgestellt und genau dort angekommen war, wo er unbewusst immer hingewollt hatte. Und hier würde er bleiben bis ans Ende seiner Tage. Alles andere wäre ihm schlicht zu anstrengend gewesen.

Für Claudia stellte sich die Sache natürlich anders dar. Sie hatte Alexander kennengelernt, nachdem er zu Fuß durch Vietnam marschiert war und plante, Tibet mit dem Rucksack zu bereisen. Er erzählte ihr, dass er von einem Leben in Freiheit träumte, aufräumen wollte mit dem Gefühl der Nachkriegsgeneration, alles zu müssen und nichts zu dürfen, und auch sonst die Lebenszeit so sehr mit Abenteuern vollstopfen wollte, wie es eben ging. Sie war fasziniert von seiner Kraft und seiner Schläue, und es wäre für sie kein Problem gewesen, die nächsten Jahre am Stock gebratene Bisamratte zu essen, während Alexander mit einer Fackel in der Hand die Kojoten verscheuchte.

Wie jeder zu groß geratene Traum wurde auch der von Alexander und Claudia immer kleiner. Die Jahre schliffen ihm die Kanten ab. Mit dem Rucksack zu reisen wurde ihnen plötzlich zu beschwerlich, und irgendwann fragte sich vor allem Alexander, warum er auf einer Isomatte schlafen sollte, wo er sich doch ein Hotel leisten konnte. Das Vorhaben, ganzjährig mit dem Fahrrad zu fahren, um Sport, Umwelt und Portemonnaie zu bedienen, wich dem ersten kalten Herbstregen und einem Topangebot des Autohändlers um die Ecke, und irgendwann fanden sie sich im Urlaub in einer Klubanlage wieder, anstatt sich von Einheimischen beibringen zu lassen, wie man Fische fängt. Ohne es zu merken, waren sie wie ihre Eltern geworden. Mit dem Unterschied, dass Alexander zufrieden damit war und Claudia anfing, ihn dafür zu hassen.

Das menschliche Bedürfnis nach der Wiederholung des immer Gleichen ist interessant und bestürzend zugleich. Man weiß von Traumapatienten, die sich unbewusst wiederholt in Situationen begeben haben, in denen ihnen das zuvor erlebte Trauma wieder und wieder zugefügt wurde. Sie sind Verirrte, die versuchen, aus dem Schrecken diesmal doch den richtigen Ausgang zu finden und ihn so erklärbar zu machen. Ähnlich ist es in Beziehungen. Viele Menschen leben die immer gleiche Beziehung, nur mit wechselnden Partnern, und oft in Konstellationen, die für keinen der Partner Glück versprechen. Und so ist es auch in der Nachahmung von Lebensmodellen. Dort, wo der Mensch das nachlebt, was ihm vorgelebt wurde, fühlt er sich sicher. Die Pfade sind ausgetreten, das Gehölz schon beschnitten, also ist zum Vorwärtsgehen nur ein sehr geringer Energieaufwand nötig. Hätte Alexander seine idealistischen Lebensziele, die er in jungen Jahren zweifelsohne hatte, umgesetzt, und hätte Claudia ihn dabei wahrhaft unterstützt, hätte sie dieses Leben ungleich viel mehr Kraft gekostet. Der Weg des geringsten Widerstandes aber führt in ein Leben nach dem Baukastenprinzip.

Hier kommen wir an eine heikle Stelle. Claudia ahnt, dass sie sich selbst in das Einfamilienhaus manövriert hat, in das sie nie wollte. Da es aber sehr unangenehm ist, die Schuld einzugestehen, wählt sie den einfacheren Weg und gibt Alexander die Schuld. SIE wollte Abenteuer, ER hat die Spießigkeit gewählt. Wenn sie sich unzufrieden fühlt, ist er also der Schuldige.

»Jetzt lass doch mal das blöde Holzgestapel«, fuhr sie ihn an, als wir den Garten besichtigten. »Ich darf dann wieder den ganzen Dreck wegräumen.« An der Art, wie Alexander grunzte und mit den Schultern zuckte, konnte ich sehen, dass er diesen Ton schon seit vielen Jahren kannte. Beide waren unglücklich damit und konnten doch nicht aufhören, es sich in ihren Rollen gemütlich zu machen. Das Tragische war, dass Alexander die Abenteuer gar nicht vermisste, es aber Claudia nicht sagen konnte. Er war so viel gereist und hatte viele Dinge getan, die eigentlich seine persönlichen Grenzen überschritten. Einmal war er in Kambodscha fast in die Luft gesprengt worden, als er in einer sehr abgelegenen Gegend vom Weg abkam und in ein Feld trat. Die Landmine sah er erst, als sein Fuß sich wieder vom Boden löste, sie lag zehn Zentimeter von ihm entfernt. Noch Monate später wachte er nachts schweißgebadet auf. Im Grunde seines Herzens war er kein Abenteurer, sondern ein Biedermann, der sich als Abenteurer versucht hat. Sein Auftritt als Crocodile Dundee war ein Fake gewesen.

Interessanterweise hatten Claudia und Alexander im Laufe ihrer Beziehung über alles Mögliche gesprochen, sie hatten Pläne geschmiedet und in die Zukunft geblickt, aber sie hatten sich noch nie über ihre wirklichen Bedürfnisse ausgetauscht. Bedürfnisse sind wie eine Frau in einem schicken Abendkleid und einem schweren Mantel. Der Mantel, das sind die Äußerlichkeiten, die Art, wie sie sich darstellt, was sie vorgibt zu sein. Das Kleid entspricht dem, was sie braucht, um den äußeren Schein zu wahren, ihre Pläne, Phantasien und das »Was wäre wenn« ihres ganzen Seins. Um ihre wahren Bedürfnisse zu zeigen, muss sie beides ablegen. Was bleibt? Eine nackte Person, viel kleiner und deutlich unglamouröser, als sie vorgegeben hat zu sein. Das ist beschämend und ein bisschen peinlich. Denn unter all dem toughen Schein bleibt nur ein nacktes, karges Etwas, das ein bisschen lieb gehabt werden möchte. Die Menschen zeigen sich nicht gerne so, das ist verständlich. Aber es ist trotzdem elementar, wenn man einen Schritt in Richtung Intimität gehen möchte. Ohne wahre Intimität kann man keine Beziehung leben.

Bleibt noch die Sehnsucht. Sowohl Claudia als auch Alexander sind von ihr erfüllt, auch wenn beide nicht genau sagen können, wonach sie sich sehnen. Alexander sehnt sich vielleicht nach Ruhe, nach Verständnis, nach der Zustimmung, dass er genau so in Ordnung ist und geliebt wird. Claudia sehnt sich nach dem Gefühl, das Leben voll auszukosten, denn wie kann sie es auskosten, wenn Alexander sie an einem Ort wie diesem gefangen hält? Das Haus kommt ihr vor wie eine Fessel, der alltägliche Trott ist ihr verhasst, sie glaubt, dass ihr Leben anderswo schöner, bunter und wilder wäre. Das führt natürlich dazu, dass sie gar kein Leben lebt, sondern nur das eines Avatars. Sie funktioniert nach außen und hat nach innen Fluchtgedanken. In diesem Spannungsfeld ziehen Alexander und Claudia zwei Kinder groß, denen sie das Gefühl des *richtigen Lebens* vermitteln wollen. Es ist brutal. Und vor allem: Es ist unter diesen Umständen unmöglich.

Ein Schlückchen Wein wirkt manchmal Wunder, und so blieb ich bis weit in den Abend hinein, als die Kinder längst im Bett waren.

»Lass uns ein Spiel spielen«, sagte ich. »Von dieser miesen Stimmung zwischen euch bekomme ich nämlich Spontankoliken.«

»Meinetwegen«, sagte Claudia. »Obwohl ich die Stimmung so mies nun auch wieder nicht finde.«

»Doch, ist sie«, sagte Alexander und verdrehte die Augen. »Du blaffst mich nur noch an und merkst es nicht mal.«

»Prima«, sagte ich, »da sind wir doch schon mittendrin. Alexander, beschreib doch bitte mal deine Gegenwart.«

Es ist übrigens erstaunlich, welche Flut an Emotionen simples Nachfragen aus den Menschen herausholt. Alexander begann in den schönsten Farben zu beschreiben, wie glücklich es ihn machte, seiner Familie ein Nest gebaut zu haben. Dass er sich jedes Mal freute, wenn er in die Straße einbog und die Lichter strahlen sah, und wie herrlich es sich anfühlte, abends auf der Bank hinten im Garten zu sitzen, das Gelächter der Kinder zu hören und ein Bier zu trinken. Dass er sein heimliches Hobby aus Kindertagen wiederaufgenommen hatte und morgens, bevor alle anderen aufstanden, die Vögel aus dem Dachfenster heraus beobachtete. Und wie schrecklich es sich anfühlte, dass Claudia so unzufrieden mit allem war und sie es dennoch nicht schafften, darüber zu sprechen.

»Das wusste ich alles gar nicht«, sagte Claudia und brach in Tränen aus. Nachdem sie sich beruhigt hatte, erzählte sie von ihrer Angst, das Leben zu verpassen und nicht zu genügen, weder sich noch ihren Ansprüchen. Und wie zäh ihr alles vorkam, obwohl sie sich fühlte, als würde sie im Zeitraffer existieren und trotzdem nicht dazu kommen, etwas vom Saft des Lebens abzuschöpfen. Dass sie sich Reisen wünschte und Partys und manchmal laute Musik, einfach, um alles abschütteln zu können. Selbst gute Paare brauchen für solche Geständnisse mindestens fünf Sitzungen; ich hatte den Vorteil, dass ich eine alte Freundin war und wir uns die ganzen Lügen am Anfang, die einem die Leute sonst so auftischen, sparen konnten.

Sie einigten sich auf einen Jahresplan, der auf beider Bedürfnisse eingehen würde. Übrigens auch auf die sexuellen. Ich verordnete ihnen zweimal wöchentlich Sex, denn Lust kann man wieder lernen. Sex nach Plan ist eine gute Methode, um sich selbst auszutricksen. Sie sind zu müde? Tja, Pech. Heute müssen Sie trotzdem ran. Außerdem stand eine Fernreise im Sommer an, sechs Wochen USA, quer durch das Hinterland. Mehr Abenteuer und Kopfschütteln auf einmal kriegt man nirgends.

Was Sie aus diesem Kapitel gelernt haben sollten
Bedürfnisse und Lebenspläne verhalten sich nicht immer synchron zueinander. Blicken Sie auch bei Menschen, die

Ihnen schon lange nahe sind, unter die Schutzschichten. Häufig verbirgt sich dort ein ganz anderer Mensch, als Sie erwartet haben. Und falls Sie dort einen Neotraditiona-listen entdecken, schrecken Sie nicht gleich zurück. Nicht jeder ist langweilig, bei vielen ist nur das Bedürfnis nach äußerer Sicherheit wichtig. Damit kann man aber umzu-gehen lernen.

Wie daraus doch noch eine gesunde Beziehung wird
Reden, reden, reden. Finden Sie in absoluter Ehrlichkeit zu-einander. Passen Ihre Bedürfnisse zueinander? Ein Leben in engen, traditionellen Werten kann auch krank machen. Bevor Sie einsteigen, überlegen Sie, ob Sie das sanfte Ge-schaukel auch aushalten.

Eine kurze Abhandlung über Sex im Allgemeinen

Sex ist heute ganz anders als früher, logisch. Aber nicht etwa, weil er wilder, ausgefallener oder freizügiger wäre, sondern weil wir uns in einer Phase der Loslösung von sexuellen Bewertungen befinden. Die Zeiten sind natür-lich immer noch nicht ideal. Eine Frau, die gerne Sex hat, wird immer noch als Schlampe bezeichnet (ein Label, das erschütternderweise nicht einmal Frauen fremd ist, wenn sie über Frauen sprechen). Ein Mann, der einen Mann liebt, ist übelsten Anfeindungen ausgesetzt. Schwul, schwule Sau sind gängige Schimpfworte nicht nur unter

Kindern. Vor nicht langer Zeit hat die herrliche Zeitschrift GQ, für die ich seit vielen Jahren tätig bin, eine Kampagne mit dem Titel »Mundpropaganda« gestartet. Im Rahmen der Kampagne küssen sich heterosexuelle männliche Prominente. Während ein Großteil der Deutschen die Aktion großartig fand, gab es natürlich auch kritische Stimmen. Warum so etwas nötig sei. Warum sich da nur Heteros küssen würden. Warum nicht auch Frauen gezeigt würden, Lesben würden schließlich die gleichen Diskriminierungen erfahren wie Schwule. Stimmt, aber nun ist GQ ein Magazin, das hauptsächlich von Männern gelesen wird. Ich finde es gerade schön, dass es Heteros sind, die sich küssen. Auch wenn es Schauspieler sind, auch wenn es Sportler sind, die dann sagen, dass sie doch lieber Frauen küssen würden, aber sie machen mit, weil sie sehen, dass es eine Notwendigkeit gibt. Man muss sich einmal klarmachen, dass so eine Kampagne vor zehn oder fünfzehn Jahren überhaupt nicht möglich gewesen wäre und in sehr vielen Ländern immer noch nicht möglich ist. Weil in diesen Ländern die persönliche Freiheit mit Füßen getreten wird, werde ich auch nie begreifen, warum die Olympischen Spiele 2014 in Russland stattfinden durften. Dass so etwas möglich ist, zeigt nur, wie verrottet und moralisch bankrott das gesamte Olympische Komitee ist. Ich finde das unerträglich.

Was den Ruf nach knutschenden Frauen betrifft, gebe ich zu bedenken, was passiert wäre, hätte GQ sich entschieden, küssende Damen abzubilden. Es hätte eine unendliche Vielfalt an Zoten gegeben, Kommentare wie

»Mit denen hätte ich auch gern mal einen Dreier« oder »Warum sind die denn angezogen«, und das wären nur die Kommentatoren mit einem IQ von über hundert gewesen. Die Wirkung, die Irritation, für die die Aktion sorgen sollte, wäre zu einer Witznummer verkommen, und das wäre sehr, sehr schade. Gleichzeitig zeigt es natürlich, in was für jämmerlichen Rollenklischees wir immer noch leben, und ich schimpfe nicht zu viel, wenn ich sage, dass diese Aktion beweist, dass wir in Wahrheit noch sehr weit entfernt von sexueller Befreiung oder gar Gleichstellung sind. Niemand darf sich in unter erwachsenen Menschen getroffene Lebensentscheidungen einmischen. Wer glaubt, ihn ginge es auch nur im Geringsten etwas an, wen ein anderer Mensch lieben möchte, der ist einfach ein dummes Schwein.

Beziehungen auf der anderen Seite des Tellers

Ich finde es ratsam, sich als Hetero ausgiebig mit der Art und Weise auseinanderzusetzen, wie homosexuelle Paare Beziehungen führen. Zum Beispiel müssen sich homosexuelle Männer schon früh und deutlich von den gängigen Beziehungskonventionen absetzen und dagegen rebellieren, um dann die ihren Bedürfnissen entsprechende Lebensform zu finden. Wenn man schon einmal gegen alle Norm verstoßen hat, lebt es sich zumindest innerlich freier, vorausgesetzt natürlich, man befindet sich in einem menschenfreundlichen Umfeld. Dass das nicht überall so ist und dass es viele Orte gibt, in denen

Homosexualität (die übrigens auch im Tierreich weit verbreitet ist) als Krankheit oder Störung angesehen wird, ist eine Tatsache. Ich habe auf einer christlich-fundamentalistischen Internetseite aus den USA einen unheimlichen Text gefunden, der eigentlich ulkig wäre, wüsste ich nicht, dass es eine Menge Idioten da draußen gibt. Fundamentalisten aller Art eint vor allem eines: Sie tun so, als gäbe es die Realität nicht. Man muss sie fast bewundern für so viel Ignoranz. In dem Beitrag führt der Autor eine Liste von Merkmalen auf, anhand derer sich herausfinden lässt, ob der eigene Partner heimlich schwul ist. Heimliche Homosexualität ist etwas, wovor Fundamentalisten jeglicher Religion unheimliche Angst haben, fast so große Angst wie Michael-Crichton-Leser vor einem unkontrollierten Ebola-Ausbruch. Aber sehen wir mal genauer hin. Das Ganze liest sich wie ein Text aus dem bunten Buch »Autoren mit psychischer Störung ein Forum geben«. Ich zitiere hier wortwörtlich.

Punkt 1: Die heimliche Nutzung von Handys und Computern.
»Pornosucht ist eng verknüpft mit Homosexualität«, steht da. »Das Schreiben von SMS ist ein weiteres Werkzeug der Ehebrecher. Um das Vertrauen zu wahren, sollten Eheleute alles teilen, inklusive E-Mail-Zugänge, Chatfreunde und Webverläufe.« Was wiederum erklärt, warum die meisten streng religiösen Paare eine gewisse Freudlosigkeit an den Tag legen.

Punkt 3: Mangelnde Aufmerksamkeit in der Kirche und in Gebetsgruppen.

»Ist Ihnen ein Mangel an spirituellem Interesse aufgefallen? Scheint es manchmal, als würde er die Kirche nur benutzen, um möglichst ungestört mit vielen jungen Männern zusammen zu sein?« Ganz ehrlich, ich dachte, genau deshalb wird man Pfarrer.

Punkt 5: Hat eine Mitgliedschaft im Fitnessstudio, aber sonst kein Interesse an Sportarten.

»Schwule Männer nutzen das Fitnessstudio, um sich zusammenzuschließen und heimliche Liaisons in der Dusche zu beginnen. Wenn Ihr Mann aus dem Fitnessstudio zurückkehrt und zu müde ist, um Sex zu haben oder zu reden, dann ist das ein besorgniserregendes Zeichen.«

Punkt 6: Trägt Sachen, die zu eng sind und zu »trendy«.

»Wenn Ihr Mann Skinny Jeans besitzt, seinen Hintern im Spiegel betrachtet oder eine außergewöhnlich hohe Anzahl enger T-Shirts sein Eigen nennt.«

Punkt 10: Frech, sarkastisch und ironisch mit seinen Freunden.

»Ein Mann, der heimlich in homosexuelle Aktivitäten verstrickt ist, wird in der Gruppe weibliche Züge zeigen. Mit anderen Worten: Er hat alle Hemmungen fallen gelassen. Das erkennt man an Gesprächen über andere und an der Verwendung von Gesten beim Sprechen.«

Punkt 14: Plötzliches, heftiges Trinken.

»Verschwindet Ihr Mann häufiger auf Trinkgelage und ist dann stundenlang nicht auf dem Handy zu erreichen? Riecht er seltsam, wenn er nach Hause kommt? Weint er häufiger?« Natürlich. Wenn ich einen Partner hätte, der Tag und Nacht in der Kirche sitzt, würde ich auch weinen. Und trinken. Ansonsten klingt das Ganze für mich wie die Beschreibung eines ganz normalen großstädtischen Mannes.

Wenn ich nur daran denke, wie viele brave Christen sich diese Grütze reinziehen und fortan ihrem Partner auflauern werden (»Du trägst schon wieder deine Skinny Jeans! Wo gehst du hin?«), wird mir ganz schlecht. In meinem Bekanntenkreis gibt es eine Menge homosexueller Paare. Mein Nachbar Sven hat mal bei einem Gespräch über sexuelle Freiheit das bestätigt, was ich eingangs erwähnt habe und sehr schlüssig finde: »Wir Schwulen«, sagte er, »kommen automatisch in unserem Leben an einen Punkt, an dem wir das gängige Weltbild auf den Kopf stellen und dagegen rebellieren müssen. Wir müssen uns mit unseren Bedürfnissen ganz elementar auseinandersetzen, weil es Bedürfnisse sind, die nicht der Norm entsprechen. Und da wir sowieso nicht der Norm entsprechen, können wir uns von allem frei machen, was in irgendeiner Weise moralisch festgefressen ist. Ich kann mir zum Beispiel die Freiheit nehmen, mit jemandem Sex zu haben, und dann trotzdem nach Hause zu meinem Freund gehen, weil ich weiß, dass er Sex nicht als etwas sieht, was im strengen Rahmen einer Zweierbeziehung geschehen muss, denn wir bewegen uns ja sowieso abseits der Norm! Das bedeutet nicht, dass ich die ganze Zeit herumvögeln muss. Aber das innere Gefühl dafür, diese Gewissheit, dass eine ganz ungezwungene Entscheidung möglich ist, haben viele Homosexuelle den Heteros voraus.«

Das stimmt wohl. Wenn ein Teil eines Heteropaares einen Hüpfer zur Seite macht, ist das Geschrei groß. Das darfst du nicht, du gehörst mir, du verletzt mich! Und das, obwohl jeder reflektierte Mensch weiß, dass Sex nun wirklich nicht das Geringste mit Liebesgefühlen zu tun haben muss. Ich selber bin nicht frei davon (obwohl ich mir selber gegenüber deutlich großzügiger bin als andersherum), aber ich glaube, dass es sich lohnt, darüber nachzudenken, die Form, in der Beziehungen heute wachsen können, ein bisschen weiter zu fassen.

Seit einiger Zeit kursiert ein Video im Internet, auf dem Kinder zwischen fünf und fünfzehn Jahren zu sehen sind, denen ein Film von Heiratsanträgen vorgespielt wird. Auf dem Film sind ein paar wirklich hübsche Heiratsanträge zu sehen, wie man sie von YouTube kennt: Plötzlich fangen die Kollegen mitten auf der Arbeit an zu tanzen, oder auf der Straße bleibt spontan eine Blaskapelle direkt vor dem Fenster stehen. Die Überraschung war, dass es sich bei den Partnern um gleichgeschlechtliche Paare handelte. Erst sind die Kinder, vor allem die Kleineren, verdutzt: »Ist das ein Junge ... der einen Jungen heiraten will?« und »Wie kann ein Kerl einem Kerl einen Antrag machen? Und wie kann eine Frau eine andere Frau heiraten?« Als dann der Interviewer erklärt, dass diese Paare sehr lange um das Recht kämpfen mussten, zusammen zu sein, wandelt sich die Überraschung der Kinder in echte Empörung. »Ich bin ein Neuling auf dem Gebiet«, sagt zum Beispiel eine überwältigend wortgewandte Sechsjährige, »aber dass Menschen, die sich lieben, nicht die gleichen Rechte haben, kommt mir ziemlich falsch vor.« Die Akzeptanz für jede erdenkliche Partnerschaftsform ist für die nachwachsende Generation eine ebenso große Selbstverständlichkeit wie die Existenz von Smartphones. Das macht Hoffnung.

In unserer Generation sieht das allerdings noch anders aus. Da können die Leute noch so ausgelassen auf dem Christopher Street Day tanzen, wenn es um die eigene sexuelle Ausrichtung geht, ist Schluss mit lustig. Meine Freundin Marie war zehn Jahre mit einem Mann zusammen, der es nicht gewagt hat, sich zu outen. Ein Verwandter von mir hat seine Frau mit fünfzig Jahren an die schöne Yogalehrerin im Ort verloren. Später sagte ihm seine Frau: »Ich habe schon lange gemerkt, dass ich Frauen liebe. Aber ich wollte deine Erwartungen nicht enttäuschen.« Erwartungen sind, ich sagte es schon mal, unheimlicher Mist in Beziehungen. Sie führen fast immer vom richtigen Weg ab und sorgen dafür, dass die Leute vor lauter Gram und Eifersucht Hirnkrämpfe und Schrullen kriegen, die ganze Lebensläufe in den Abgrund zerren. Übrigens haben viele Leute irrsinnige Angst davor, bei sich selbst homosexuelle Tendenzen zu entdecken. »Ich habe meinen Freund geküsst. Bin ich schwul?« ist immer noch ein Klassiker im Dr.-Sommer-Team. Dabei ist es so einfach, wie es der Schriftsteller Christopher Isherwood formuliert hat: »Mir kommt es so vor, als läge der tatsächliche Schlüssel zur sexuellen Orientierung mehr in den romantischen Gefühlen als in den sexuellen. Wenn du wirklich homosexuell bist, kannst du dich wirklich in einen Mann verlieben und nicht nur den Sex mit ihm genießen.«

Wir müssen unseren Blickwinkel also ändern. Wer sich in seiner eigenen Sexualität sicher fühlt, kann sich von Aktionen wie jener gar nicht bedroht fühlen. Wir sollten auch daran arbeiten, Labels abzulegen. Ist es wichtig, ob jemand Homo, Hetero oder Bi ist? Ist es wesentlich, wer mit wem wie oft Sex hat, solange er niemanden damit gefährdet? Natürlich nicht. Und trotzdem fühlen sich Menschen auf der ganzen Welt von sexueller Freiheit mehr bedroht als von ausgiebigem Waffenbesitz. Ich verstehe das nicht. Tun Sie's?

Vielleicht liegt es daran, dass viele Leute gar keinen Zugang zu ihrer eigenen Sexualität haben. Ich habe Männer kennengelernt, die glauben, dass Sex bedeutet, die Geschlechtsteile ineinanderzustecken und zu rammeln wie ein Duracellhäschen. Und für viele Frauen gilt, was die US-Komikerin Joan Rivers einmal gesagt hat: »Ich gebe meiner Mutter die Schuld an meinem erbärmlichen Sexleben. Das Einzige, was sie zu mir gesagt hat, war: ›Der Mann schläft oben, und die Frau liegt untendrunter.‹ Drei Jahre lang haben mein Mann und ich in einem Etagenbett geschlafen.«

Eine intakte sexuelle Kommunikation ist für eine gelungene Vögelei auf Dauer also wichtiger als die Technik. Nach der Broken-Windows-Theorie der US-amerikanischen Sozialwissenschaftler James Q. Wilson und George L. Kelling ist es essenziell, winzige zerstörerische Faktoren im System sofort aufzulösen, sonst droht großflächige Verwahrlosung. Wird zum Beispiel in einem leer stehenden Haus eine Scheibe eingeschlagen, muss diese sofort ersetzt werden. Andernfalls schlägt bald noch einer eine Scheibe ein, die Sprayer kommen und sprühen alles voll, und schon kurz darauf ist das ganze Viertel in Schimpf und Schande heruntergekommen. Das ist zumindest die stark geraffte Version. Mit der Zero-Tolerance-Politik hatte die New Yorker Polizei einen riesengroßen Erfolg. Schon kleinere Delikte wurden radikal geahndet, und bald bestand alles aus Friede, Freude, Eierkuchen. Zumindest in den Broschüren der Tourismusbehörde.

Dass ich auf vielen Gebieten eine glühende Anhängerin der Broken-Windows-Theorie bin, ist kein Geheimnis. Was die Sexualität betrifft, so strebe ich raschen Schrittes auf das Feld der Zero Tolerance, um dort mit durchgedrücktem Kreuz herauszuposaunen: »Frauen, ihr verlottert auf blöd machende Weise! Und Männer, ihr liegt nur stumm da und tut nichts dagegen!« Tatsächlich ist mir zu Ohren gekommen, dass die durchschnittliche Frau inzwischen ihren Geschlechtsakt vor allem dazu nutzt, um in allen Facetten zu kreischen, zu winseln und zu jaulen, und zwar in einer Lautstärke, die den Herren den Tinnitus in den Gehörgang treibt und den Nachbarn Gänsehaut auf die Unterarme. Männer haben sich in meinem Kummerkasten massenweise darüber beschwert, so etwas muss ich ernst nehmen. Das Problem dabei scheint, dass jenes Geschrei nicht aus den Tiefen weiblicher Wollust stammt, sondern aus dem Hirn der pornotrainierten Frau, die nicht mehr an Leidenschaft, sondern in den Kategorien der »Wie macht man ...«-Ratgeber denkt. Das ist nicht gut, außer vielleicht für die Zunft der HNO-Ärzte.

Warum die Frauen kreischen, ist mir klar. Sie brüllen und blöken, weil sie glauben verstanden zu haben, dass Männer auf Lustschreie stehen. Das ist nur bedingt wahr, denn diese Schreie müssen schon echt sein. Sie sind Opfer einer klassischen sexuellen Fehlkommunikation, die nicht nur die Männer beschädigt. Vor allem ist sie den Frauen selbst gegenüber unfair. Eine Frau, die sich auf ihre Performance konzentriert, verwehrt sich selbst das erstklassige Gefühl der Hingebung und hat folglich ein Sexleben, das ein jämmerlicher Schatten dessen ist, was sein könnte. Nicht gut genug. Vor allem bitte ich eines nicht zu vergessen: Wenn Sie nicht im tiefsten Innersten befriedigt und satt sind, dann leidet zunächst nicht ihr Partner darunter. Sondern Sie selbst.

Überhaupt wird die Performance völlig überbewertet. Es gibt nicht viele Menschen, die beim Sex bahnbrechend gut aussehen. Tatsächlich sehen die meisten Leute ziemlich dämlich dabei aus, was völlig okay ist, weil Sex ja hauptsächlich zum Fühlen da ist und nur in der Animationsphase zum Gucken. Intensiver wird das Fühlen übrigens, wenn Sie es wagen, sich während des Vögelns in die Augen zu blicken. Halten Sie den Kontakt sehr lange, schauen Sie nicht weg, schweifen Sie nicht ab. Versuchen Sie zu ergründen, wie Sie sich gerade fühlen und was in

Ihrem Partner gerade los ist. Schwingen Sie sich ein. Was schrecklich hippiemäßig klingt, ist eine super Übung für tieferes Lustempfinden. Erstaunlich viele Leute schämen sich für ihr Orgasmusgesicht, was traurig ist, denn nicht umsonst werden die Augen die Fenster zur Seele genannt. Und was könnte schöner sein, als die Seele glücklich zu sehen?

Es gibt natürlich auch Situationen, bei denen man gar nicht hinschauen will. Sex muss auch komisch sein dürfen. Mimi zum Beispiel hatte kürzlich einen Mann, den sie für eine längere Affäre in Betracht gezogen hat. Als er sich aber unter die Bettdecke verzog, um ihr ein paar Lehrstunden in Sachen Cunnilingus zu verpassen, fing er plötzlich an zu schreien. Damit wir uns nicht falsch verstehen: Es gibt ein paar Dinge, die unter der Bettdecke zu schreien durchaus angemessen sind. Zum Beispiel: »Mach mal einer das Licht an, ich habe solche Angst im Dunkeln!« Das finde ich persönlich verständlich, denn auch ich gehöre zu den Menschen, bei denen Dunkelheit totale Panik auslöst. Oder: »Hilfe, ich ersticke!« Total nachvollziehbar. Man denke nur an den Film »Total Recall« (in diesem Fall das Original), als den Mutanten die Luftzufuhr abgestellt wird. Dieser Typ jedenfalls rief nichts dergleichen, sondern schrie unter der Decke stattdessen: »Verdammt, ich kriege den Batman-Umhang nicht mehr los!« Das schrie er fünf- oder sechsmal, zerrte dabei wie wild an der Bettdecke, und anschließend war natürlich die ganze schöne sexuell aufgeladene Stimmung dahin.

Angehende Cunnilinguisten rufen bitte auch nicht:

»Ach, hier ist meine Uhr!«

»Ich habe deinen Verlobungsring versteckt. Jetzt rate mal, wo der ist!«

»Mensch, Michael, was machst du denn hier?«

»Die Wanne ist voll, löllllöllllööllll.«

»Reich mir mal die Haken, ich sichere uns in dieser Steilwand hier.«

Ist alles schon vorgekommen. Übrigens, falls Sie immer noch nach dem ominösen G-Punkt suchen bzw. suchen lassen: Er wurde unlängst gefunden, und zwar von einem gewissen Adam Ostrzenski. Er sagt, der G-Punkt, jenes sagenumwobene weibliche Sexualerektil, käme einer »bläulichen, traubenartigen Komposition« nahe, mit drei sich unterscheidenden Abschnitten, einem Kopf, einer Mitte und einem Schwanz. Im Grunde wie ein stark vergrößertes Spermium also. Natürlich.

Ostrzenski ist Wissenschaftler am Institute of Gynecology in St. Petersburg, Florida, und der Grund, warum bislang niemand den G-Punkt gefunden habe, sei schlicht der, dass alle bisher an der falschen Stelle gesucht hätten. Der G-Punkt misst etwa 8,1 Millimeter und liegt an der dorsal-perinealen Vorderwand der Vagina. Kein Wunder, dass ihn dort bislang niemand gefunden hat, so eine Vagina ist ja gebaut wie ein Haus mit tausend Zimmern. Zumindest für deutsche Männer.

Ein Mann, es war ein Franzose, sagte mir einmal, was faul sei an den deutschen Männern. »Zu viel Bauingenieur«, sagte er, »und zu wenig Barkeeper.« Die deutschen Männer, fuhr er fort, verführen auch im Sexuellen, als würden sie einen Staudamm planen. Stein auf Stein, und dann klatscht man eine Menge Beton drauf, damit es auch wirklich hält. Kein Wunder, sagte der Franzose, dass die deutschen Frauen zuhauf nach Frankreich kämen, um die Liebe zu finden. »Jetzt bist du aber ungerecht«, sagte ich, »die sind nicht alle so.« Er sah mich an und sagte: »Gut, vielleicht nicht alle. Aber die meisten schon. Sie halten sich für besonders schlau, wenn sie eine Frau nicht anrufen und sie anschließend so behandeln, als wäre sie ohne Bedeutung. Das würde ein Franzose mit Anstand nie tun. Es ist wichtig, dass man die Frauen im Allgemeinen liebt und es ihnen zeigt. Dann sind sie auch nicht zickig, wenn man sich am Ende für eine andere entscheidet.«

Eine amerikanische Studie hat untersucht, welche Faktoren eine Rolle spielen, wenn zwei Menschen sich verlieben. Die Ergebnisse sind nichts für Romantiker, was aber zunächst nicht weiter schlimm ist, denn Romantik findet sich mit etwas Anstrengung auch in der kleinsten Situation. Also: Wesentlich für eine gemeinsame Zukunft scheint in erster Linie die politische Orientierung zu sein. Ein CSU-Fan kann nicht oder nur schwer mit einer SPDlerin glücklich werden, was verständlich ist. (Dann wiederum ist es unnötig, so etwas in einer Studie festzuhalten, weil die meisten Ultrakonservativen sowieso so unattraktiv sind, dass niemand mit ihnen schlafen will.) Das Zweitwichtigste scheint die Hüfte-zu-Taille-Ratio. Im Grunde sucht ein Mann also eine Frau, die idealerweise wie Sophia Loren gebaut ist. Das Dritte ist Ritterlichkeit. Kein Kommentar. Vierter Punkt: Ein symmetrisches Gesicht. Logisch, niemand möchte einen Partner, der aussieht wie Marty Feldman. Fünfter Punkt: Die Postleitzahl.

Wer in einer bestimmten Gegend aufgezogen wurde, findet die Menschen aus der Nachbarschaft attraktiv, während jemand, der etwa in Berlin-Marzahn aufgewachsen ist und sich dann in Berlin-Zehlendorf umtut, gänzlich andere Standards hat. Punkt sechs erklärt, warum so viele Idioten da draußen im Partnerlook herumlaufen. Wer vernünftig ist, sucht sich einen Partner, der die gleichen Gesichtszüge hat wie man selbst. Das macht es vermutlich schwerer, ihn zu hassen, wenn man nach ein paar Jahren merkt, dass man seine schönste Zeit mit einem Idioten verträdelt hat.

Wenn weder die Postleitzahl noch die politische Orientierung stimmen, gibt es immer noch eine Möglichkeit: die Masturbation. Weibliche Masturbation hat einen schlechten Leumund, während sich männliche Selbstbefriedigung relativ großer Akzeptanz erfreut. Es gibt so viele hübsche Umschreibungen dafür, die meisten von ihnen sind herrlich bildhaft. Meine Lieblingsumschreibung ist nach wie vor »den Lurch würgen«, weil man sich das so schön vorstellen kann. »Von der Palme wedeln« gefällt mir weniger gut, vielleicht, weil ich einmal auf den Seychellen um ein Haar von einer herunterfallenden Kokosnuss erschlagen wurde. Beide Begriffe führen bei unerfahrenen Frauen zu völlig falschen Vorstellungen davon, wie man einem Mann nun richtig einen herunterholt.

Was die Palmen betrifft, so gab es vor Kurzem im Internet eine so hübsche Fakemeldung, dass ich wünschte, sie wäre wahr. Angeblich nämlich macht Michael Moore gerade einen Dokumentarfilm zum Thema »Fappy the

Anti-Masturbation Dolphin«. Schon allein der Name ist herrlich, Fappy stammt vom englischen to fap = wichsen. Fappy befindet sich derzeit, so heißt es, auf einer Einunddreißig-Städte-Tour durch die USA, um Grundschülern die schwerwiegenden Folgen der Masturbation zu erläutern und also davon abzubringen, sich selbst am Schniedel zu zwirbeln. »Masturbation«, so lässt es der angebliche Gründer der Seite »Stop Masturbation Now« verkünden, ist »eine Einstiegsdroge zur Vergewaltigung«. Und weiter: »So Gott will, wird Masturbation eines Tages verboten sein.« Zu so einer Einstellung kommt man wahrscheinlich, wenn man zu vielen Leuten begegnet, die »Würg den Lurch« wörtlich genommen haben.

Weibliche Masturbation hingegen wird weitgehend totgeschwiegen. Ich halte das für ebenso traurig wie folgenschwer. Noch immer wachsen Generationen von Frauen heran, die glauben, dass Mädchen »so etwas nicht machen«. Viele Frauen argumentieren damit, dass sie Selbstbefriedigung langweilig fänden, nicht mehr als ein einsames Geschäft. Dabei hat Masturbation viele Funktionen. Sie kann dem Stressabbau dienen, dem Training der Orgasmusfähigkeit sowie, ganz wichtig, dem Kennenlernen des eigenen Körpers. Ich habe einige Frauen getroffen, die mir versichert haben, dass sie sich »da unten« noch nie angesehen haben oder vielleicht einmal, um sich dann mit Grausen abzuwenden. Ein so gestörtes Verhältnis zum eigenen Körper hat tödliche Folgen für die Sexualität, die immer von Zweifeln begleitet sein wird: »Wie kann er so etwas Hässliches nur anziehend finden?«, »Ich finde mein Geschlechteil so hässlich, ich zeige mich ihm ungern im Hellen« oder »Für Männer ist Sex doch sowieso viel wichtiger« – das sind alles Originalaussagen von Frauen, die zu mir gekommen sind, weil sie für ihren Mann sexuell attraktiver werden wollten. Sie alle waren überrascht, wie intensiv wir daran gearbeitet haben, sich selbst und ihr Geschlecht zu akzeptieren. Ganz egal, ob Sie Masturbation für blöde oder aufregend halten, Sie sollten nicht vergessen, was Woody Allen einmal gesagt hat: »Selbstbefriedigung ist Sex mit jemandem, den du wirklich liebst.« Lieben Sie sich!

Was die Form des sexuellen Zusammenseins in der Partnerschaft betrifft, so habe ich manchmal den Eindruck, dass immer mehr Menschen hinter vorgehaltener Hand zugeben, dass Monogamie für sie zwar eine schöne Vorstellung ist, aber in der Realität nicht lebbar. Ab einem gewissen Alter sollte man wirklich aufhören, sich gegenseitig in die Tasche zu lügen. Die Leute vertragen mehr Wahrheit, als man denkt. Meine Freundin Asta lebt inzwischen in einer Ehe, in der es beiden Partnern erlaubt ist, bei Bedarf Sex mit anderen zu haben. Es gibt nur zwei Regeln: Kondome benutzen und nicht lügen. Das muss natürlich jeder für sich selbst entscheiden. Aber ich weiß aus eigener Erfahrung, dass die Lust auf Sex in einem berauschenden Moment oder aus dem Bedürfnis nach Bestätigung entstehen kann und nichts, aber auch gar nichts mit der Zuneigung zum Partner zu tun hat. Eifersucht hat in der Liebe nichts verloren, wenn man von dem schon genannten Grundsatz ausgeht, dem anderen das Beste zu gönnen. Aus eigener Erfahrung kann ich aber sagen, dass es verteufelt schwer ist, das Ego im Zaum zu halten, vor allem, wenn man ein so großes Ego hat wie ich. Einen pauschalen Rat kann ich Ihnen in Sachen Beziehungsform nicht geben. Das heißt, doch. Bitte versuchen Sie, sich zu öffnen und auch mal unorthodoxe Wege zu gehen. Je mehr Freiheiten man dem anderen lässt, desto weniger Lust hat er, davonzugaloppieren. Und ein Leben ohne Druck ist einfach angenehmer.

Man sollte Sex und Liebe nicht verwechseln, und ebenso wenig sollte man die Notwendigkeit einer gesunden Sexualität auf das Wohlbefinden unterschätzen. Mein Freund Jojo hat mir mal gesagt: »Ich habe manchmal den Eindruck, dass für viele Frauen der Sex in der Beziehung nur ein Gefallen *on top* ist. Sie wollen eigentlich Nähe, Intimität und das alles und nehmen den Sex als Übel hin. Wirklich genießen können ihn die wenigsten.« Ich glaube nicht, dass das auf alle Frauen zutrifft, aber es trifft auf viele zu. Das hat meiner Erfahrung nach nichts mit ihrem natürlichen Trieb zu tun (der bei Frauen fast ebenso stark ist wie bei Männern), sondern mit ihrer Sozialisation. Sex ist etwas, das Männern Vergnügen bereitet, die Frau hat nur die Rolle des empfangenden Gefäßes. Dieser Glaube sitzt tief in unserem Unterbewusstsein und steuert eine Menge Leute direkt ins Unglück.

Viele Frauen fahren ihre Sexualität im Laufe einer Beziehung auf ein gerade noch erträgliches Maß herunter. Dieses Maß heißt: »Wie viel Sex muss ich zulassen, damit er mir nicht davonläuft?« Manchmal liegt die angestrebte Sexration sogar noch darunter, und Frauen behelfen sich mit der Ausrede, dass Sex in Beziehungen irgendwann doch sowieso kaum noch stattfände. Das ist natürlich selbstgefälliger Murks. Studien haben bewiesen, dass Frauen mit Sex ein hohes Volumen an narzisstischen Machtgelüsten füllen. Sie vögeln häufig nicht, um dem Partner einen Gefallen zu tun oder sich selbst mit Lust zu befriedigen, sondern um ihr Ego zu füttern, das nach dem ultimativen »Ich werde es dir zeigen«-Kick lechzt. Warum also nicht dazu stehen? Der Feind der weiblichen Sexualität sind nicht unbedingt die Männer. Es sind noch häufiger die Frauen selbst. Denken Sie mal darüber nach.

DER KINDER-MANN

Es ist Frühling, und ich gehe mit Mimi zu unserem alten Bekannten Sten und seiner Frau Elsa. Elsa hat mir auf Umwegen zu verstehen gegeben, dass in ihrer Beziehung mit Sten der Wurm drin ist, und sie sagte mir, ich solle *nur mal gucken*, als ob ihre Beziehung ein altes Auto auf dem Weg zum TÜV wäre.

Über Sten gibt es eine herrliche Geschichte, die ich Ihnen nicht vorenthalten möchte. Wo beginne ich? Am besten hier: Wenn Eltern mal so richtig ihre Autorität untergraben wollen, müssen sie nur dafür sorgen, dass ihre Kinder sie beim Sex hören können. Ich erinnere mich an das erste Mal, als mir klar wurde, dass meine Mutter Meerschweinchengeräusche macht. Danach konnte ich auf simple Aufforderungen wie »Deck den Tisch« oder »Bring den Müll raus« nicht mehr mit der erforderlichen Geschmeidigkeit reagieren. Ja, einmal sogar machte ich in einem Anfall äußerster Renitenz das Geräusch eines Meerschweinchens nach, was aber, so aus dem Zusammenhang gerissen, nicht das beschämte Zu-Boden-Blicken nach sich zog, sondern eine Runde Im-Zimmer-Sitzen. Fast ähnlich fies wie bumsende Eltern sind bumsende

Geschwister – zumindest wenn man selbst mitten in der Pubertät steckt.

Sten hat mir dieses Erlebnis vor Jahren gesteckt, und immer noch ist die Geschichte ein unerreichbarer Knüller an Bösartigkeit und geschwisterlicher Langzeittraumatisierung.

Stens Schwester war schon in frühen Jahren häufig im Bett anzutreffen. Sie rannte selten, ging kaum, saß manchmal, am meisten aber lag sie. Und fast immer lag einer bei ihr. Das Problem war nur, dass ihr Zimmer ein Durchgangszimmer war, hinter dem sich Stens Zimmer befand. Nachdem Sten zwei-, dreimal unwissentlich mitten in die Vögelei geplatzt war (»Erst dachte ich, sie isst ihn auf, aber dann habe ich es gesehen ... es war so eklig«, erzählte er zum Beispiel tags darauf in der Schule), trafen die beiden eine Abmachung. Immer wenn Musik von »The Mission« lief, musste Sten die Augen schließen, wenn er durchs Zimmer wollte. Weil ziemlich häufig »The Mission« lief, schlug sich Sten sehr häufig die Schienbeine an Ecken und Kanten blutig, während er sich mit geschlossenen Augen durchs Zimmer tastete, um in sein eigenes zu kommen. Seine Beine sahen aus, als würde ihn regelmäßig ein Wichtel mit einer Rute misshandeln. Später bekam er den Namen »Ständerkiller«, aber das ist eine andere Geschichte.

Irgendwann gärte die Wut in Sten, und sein Wunsch nach Rache wurde übermächtig. Er kam auf einen ebenso fiesen wie bewundernswert einfachen Plan. Abends pinkelte er in eine leere Wasserflasche. Und manchmal in der Nacht, wenn seine Schwester eingeschlafen war, goss er die gesammelte Pisse in das Bett seiner Schwester, genau an die richtige Stelle. Irgendwann bekam Sten das Zimmer seines großen Bruders. Natürlich verschwand die Inkontinenz seiner Schwester zur gleichen Zeit. In manchen Gegenden von Bonn jedoch ist »Sarah, die Bettnässerin« immer noch ein fester Begriff.

Ich weiß nicht, was aus Sarah geworden ist, aber ich weiß, dass Sten es zu einer beachtlichen Kinderschar gebracht hat, von der vermutlich niemand ein Bettnässer ist, aber jedes Einzelne voll fieser Tricks steckt, wenn es darum geht, dem anderen eins auszuwischen. Sten hat sein Wissen immer schon gern mit anderen geteilt.

Die Wohnung ist groß und auf angenehme Weise vollgerümpelt. Nicht auf die messiehafte Weise, sondern auf die »Hier wohnt eine Familie mit vier Kindern«-Art. Es sieht nach Leben aus, und es riecht auch so, nach Kuchen, Spaghetti bolognese und prall gefüllter Windel.

»Ich kriege keine Kinder, ich adoptiere höchstens welche«, sagt Mimi, während wir im Flur herumhampeln und einbeinig versuchen, unsere Schuhe abzustreifen, um sie auf den Haufen mit den anderen Schuhen zu werfen. »Ich muss die Welt schützen vor dem Sturm der Empörung, den meine Brut über diesen Planeten bringen würde. Weißt du noch, wie ich mit meinem eingebildeten Freund in Streit geraten bin, nachdem er beim Vertrauensfall einfach so zur Seite gegangen ist? Ich habe Angst, dass sich so was vererbt.«

»Das täte es bestimmt«, sage ich. »Lieber safe als sorry.«

In der Küche steht Sten hinter dem Herd. Er sieht aus

wie von Mutter Erde persönlich zusammengestellt. Sein dunkles Haar hängt ihm in dicken Locken ins Gesicht, an seinem linken Bein hängt ein kleines Kind, auf seinem Arm ein noch kleineres. Im Bart hat er einen Spritzer Tomatensoße und in den Augen den dankbaren Glanz eines Mannes, der seit langer Zeit endlich wieder erwachsene Ansprechpartner findet.

»Toll, dass ihr da seid«, sagt Sten. »Essen ist gleich fertig. Wollt ihr ein Glas Wein?«

Er deutet mit dem Kochlöffel auf den Tisch, wo eine Karaffe Rotwein steht. Zwischen mir und dem Rotwein liegen jede Menge Legosteine auf dem Boden. »Tut mir total leid, dieses Chaos«, sagt Sten. »Wir wollten eigentlich noch aufräumen, aber dann ist Yvo hingefallen, und wir mussten erst mal Heileheilesegen singen, nicht wahr?« Offenbar ist Yvo das Kerlchen an seinem Bein, denn er streichelt ihm über die Locken, die die gleiche Farbe haben wie Stens Haar. Das Kerlchen erschauert in Erinnerung an seinen Sturz und blickt dankbar nach oben. Sten ist ein süßer Vater, ganz ohne Frage.

Ich will jetzt nicht behaupten, dass die Umgebung kälter geworden ist oder dass sich an den Fenstern plötzlich Eisblumen bilden und die Katze stocksteif gefroren vom Sofa kippt. Aber als Elsa den Raum betritt, ist die Temperaturverschiebung deutlich zu spüren. Ich muss daran denken, wie sie noch auf der Hochzeitsfeier laut lachend folgenden Witz erzählt hat:

Ein Paar liegt im Bett. Sagt er: »Heute, zum Frauentag, werde ich aus dir die glücklichste Frau der Welt machen.« Sagt sie: »Och, ich werde dich vermissen!«

Elsa ist vielleicht nicht Schneewittchen, aber sie ist auch nicht ganz die böse Stiefmutter. Heute ist sie jedenfalls ganz die perfekte berufstätige Mom. Schön geschminkt, tolle Nägel, ideal gebaut und gekleidet. Ihr Gesicht ist stark und immer noch hübsch, aber sie hat viel zu wenig Unterhautfett und darum eine Menge Falten. Ich verstehe diese Gier älter werdender Frauen nach einem rappeldürren Körper nicht. Mit ein bisschen Speck drunter faltet es sich einfach schöner.

Elsa lächelt uns an und sagt: »Hallo! Schön, dass wir das mal hinkriegen.« Und dann sagt sie: »Gibt es schon wieder Spaghetti bolognese? Ich dachte, wenn wir Gäste haben, gibt es mal was anderes.« Natürlich geht es ihr nicht die Bohne um die Nudeln. Es geht ihr nur darum zu zeigen, wer hier der Boss ist. Und mit wie viel Enttäuschung sie sich herumschlagen muss. Sie schickt mir einen verschwörerischen Frauensolidaritätsblick zu, dem ich geschickt ausweiche, indem ich auf Mimi zeige.

»Schon in Ordnung«, sage ich. »Ich liebe Spaghetti bolognese. Und Mimi isst sowieso alles.«

»Stimmt«, sagt Mimi und schiebt sich einen Kinderkeks in den Mund. »Ich bin sogar bei Veganern beliebt.«

Nach dem Essen bringt Sten die Kinder ins Bett. Aus dem Flur höre ich, wie er jedem Einzelnen die Zähne putzt und das Gesicht wäscht, während er kleine Geschichten dazu erzählt. Sten ist so etwas wie der Traummann der postfeministischen Frau, und dennoch zeigt sich um Elsas Mund herum ein harter Zug.

»Was ist denn nun das Problem?«, frage ich. »Zumindest das mit den Kindern macht er doch ganz toll. Es ist schön für die Jungs, so einen liebevollen Vater zu haben. Endlich mal einer, der sich auch kümmert.«

Elsa seufzt. »Ich weiß es auch nicht. Es ist dieses ganze Zuerst-kommen-die-Kinder-Zeug. Ich weiß überhaupt nicht mehr, wer der Mann in ihm eigentlich ist. Sten ist Papi, und dann kommt ganz lange nichts.«

»Offenbar reicht es aber«, meint Mimi. »Es sei denn, die vier Kinder sind vom lieben Herrgott gemacht worden.«

»Unbefleckte Empfängnis ist natürlich ein ziemlich geniales Konzept«, sage ich. »Ich meine, ganz ohne Gekleckse und dieses ›Kuscheln wir jetzt noch, oder ist es okay, wenn ich direkt einschlafe‹. Aber im Ernst, hattet ihr das nicht verabredet, dass er sich um die Kinder und du dich um die Praxis kümmerst?«

»Doch. Hatten wir. Und ich bin auch zufrieden damit, ehrlich. Aber dieses ganze Kinderzeug ... wenn ich ihn küssen will, klebt da immer irgendwo Marmelade. Das ist doch nicht männlich.«

Interessant. Elsa bittet ihren Mann, für sie die Kindererziehung zu übernehmen, damit sie sich um ihre Praxis kümmern kann. Und dann dreht sie ihm genau aus dieser Tatsache den Strick, an dem er sich bitte sehr aufhängen soll.

Hat Sten seine Männlichkeit verraten? Er hat die Abende mit den Jungs sausen lassen, damit er auch am Wochenende bei den Kindern ist, während Elsa die Abrechnung für die Krankenkasse fertig macht. Er geht nicht mehr Klettern, weil die drei Jüngsten noch zu klein sind. Er wirft Elsa abends nicht mehr mit Schmackes auf den

Küchentisch, weil sie zu müde ist und ihn schon mehrfach deshalb angefaucht hat. Aber er macht mit seinen Kindern tolle Ausflüge ins Grüne, fängt Schmetterlinge für sie und bastelt hingebungsvoll Martinslaternen, die Elsa dann mit ihrem Smartphone fotografiert und an ihre Freundinnen verschickt: »Guckt mal, was meine Kinder gebastelt haben. Sie sind soo begabt!« Über Sten verliert sie dabei kein Wort.

Stattdessen äußert sie sich über ihn, als sei er ein lästiges Geschwür, das sie einfach nicht loswird. Anstatt seine Vorzüge hervorzuheben und zu lieben, konzentriert sie sich ganz auf die negativen Dinge. Ich bitte sie, während Sten drüben im Kinderzimmer den Jungs ein Buch vorliest und dem Kleinsten die Flasche gibt, aufzuschreiben, was sie an Stens Beziehungsverhalten bemängelt. Dies ist ein kurzer Ausschnitt der Liste, die sie mir nach ein paar Minuten rüberschiebt.

- Ich kann Sten nicht mehr als Mann ernst nehmen. Manchmal denke ich, dass ihm egal ist, wie er wirkt.
- Er verführt mich überhaupt nicht mehr.
- Er vernachlässigt seine Pflege. Damit er zum Friseur geht, muss ich ihm einen Termin aufzwingen.
- Obwohl er den ganzen Tag hier ist, sieht es abends trotzdem aus, als hätte eine Bombe eingeschlagen.
- Andere Männer kümmern sich um ihre Karriere. Was will Sten machen, wenn die Kinder groß sind? Mir ist das peinlich.

»Gute Güte«, sagt Mimi, nachdem sie sich den Zettel durchgelesen hat. »Es wird nicht lange dauern, bis dir ein Pimmel wächst.«

»Elsa«, sage ich und tätschele ihre Hand. »Du bist der schlimmste Macho, den ich je kennengelernt habe.« Sie weiß natürlich, dass sie wahnsinnig ungerecht ist. Ihre Augenbrauen ziehen sich trotzig zusammen, und sie zieht ihre Hand aus meiner.

»Aber es ist doch wahr. Ich habe einen Kindergärtner geheiratet!«

Ich gebe zu bedenken, dass das durchaus sinnvoll ist, wenn man vier Kinder großziehen muss, aber Elsa ist nicht für Scherze zu haben. Sie steckt mitten im Dilemma der modernen Frau, und niemand, nur sie selbst, kann ihr da raushelfen.

Das Problem ist ebenso simpel wie schmerzhaft. Moderne Frauen leiden an starken Deformationen. Während die Männer durch die Emanzipation der Frau verstümmelt wurden (vor allem, weil sie es versäumt haben, der Frauenbewegung eine gesunde Neudefinition des Mannes entgegenzusetzen), besorgen die Frauen das Kaputtmachen ganz von selbst. Durch deutsche Großstädte ziehen inzwischen Gruppen von Singlefrauen, die sich ständig gegenseitig darin bestärken, dass sie Männer eigentlich nicht mehr brauchen. Sie sind beruflich erfolgreich, knallhart, hochgebildet und ideal trainiert. Da die meisten von ihnen schon mehrere gescheiterte Beziehungen hinter sich haben, in denen der Mann nicht erfolgreich, gebildet oder sonst wie passend genug war, oder sie Jahre damit verplempert haben, nach dem völlig falschen

Typus zu suchen, sind sie dazu übergegangen, Männer rein funktional einzusetzen. Die Männer dienen nur mehr als Samenspender, als Trainingspartner oder Spaßvogel, denn zum Versorgen werden sie nicht mehr benötigt. Daraus kann, wenn man nicht höllisch aufpasst, ein ausgewachsener Männerhass werden. Ich kenne eine Frau, die einen Mann hatte, der sie abgöttisch liebte und ihr die Welt zu Füßen legte. Sie mochte ihn ebenfalls sehr, sehnte sich aber nach *mehr*. Nach einem Mann wie aus einem Hollywoodfilm. Sie war aufgewachsen wie eine Prinzessin, die immer bekommen hatte, was sie wollte, und diesen Hunger konnten weder Jahre noch Liebe, noch Erfahrungen stillen. Sie suchte den ultimativen Prinzen und schoss den geliebten Mann ab, der fast daran zerbrach. Noch heute, zehn Jahre später, ist sie Single, trübselig, bitter und führendes Mitglied im starken Frauenbündnis »Männer sind doch alle gleich«.

Manche Frauen sprechen über Männer, als wären sie Haustiere. Statt ihre Vorzüge und ihr Anderssein zu genießen, begegnen sie ihnen mit Spott und Missachtung – und züchten so Männer heran, die tatsächlich glauben, dass sie nicht mehr gebraucht werden. Die wiederum werden von Frauen benutzt und weggeworfen: »Seht ihr, es gibt gar keine richtigen Männer mehr!« Es ist ein fieser Kreislauf aus einer sich selbst erfüllenden Prophezeiung und dem völligen Unverständnis der Bedeutung von Partnerschaften gegenüber.

Was ist eine gute Beziehung? Eine gute Beziehung ist eine Vertragsvereinbarung über ein sehr kompliziertes Vorhaben. Liebe ist ungefähr so kompliziert wie die

Besteigung des Mount Everest. Zwischendrin können einem eine Menge Unannehmlichkeiten widerfahren. Unwetter ziehen über den Berg und brauen sich zu einem ausgewachsenen Sturm zusammen. Die Nahrung wird knapp oder fällt einem beim Versuch, sich einen Riegel aus der Tasche zu fischen, in den Abgrund. Man ist durstig, die Luft wird knapp, man fühlt, dass einen die Erschöpfung übermannt. Aber wenn man einmal mit dem Aufstieg in die heikle Zone begonnen hat, dann kann man nicht einfach sagen: »Hey, weißt du was? Eigentlich habe ich gar keine Lust mehr. Das ist mir zu blöd und außerdem hat mir niemand gesagt, dass es hier oben so arschkalt ist.« Die Vereinbarung, gemeinsam den Mount Everest zu besteigen (oder eine wirkliche Partnerschaft zu meistern), trifft man unten am Berg. Und wenn wirklich Liebe im Spiel ist, dann müssen sich beide währenddessen darauf verlassen, dass der andere alles tun wird, damit dieses Ziel gemeinsam erreicht wird. Eine Beziehung kann nur echt und lebbar sein, wenn es sich um ein verlässliches Bündnis handelt. Alles andere ist kindische Spielerei.

Der Fehler, den Frauen heutzutage häufig machen, ist, dass sie mit einem Rollstuhlfahrer unten am Berg stehen und sich und allen anderen sagen: »Ach, das kriegen wir schon hin. Kein Problem. Ich bin ja stark.« Ehrlicher wäre zu sagen: »Verdammt, mit einem Rollstuhl werden wir da nicht hochkommen. Aber wir können ein paar andere Dinge tun, zum Beispiel durch Holland wandern, da gibt es kaum Hügel, und zur Not schiebe ich dich, wenn du müde wirst.«

Irrsinnigerweise wollen die meisten Frauen die Mount-Everest-Tour, ohne zu bedenken, dass dabei jedes Jahr eine Menge Leute draufgehen. Auch Elsa will den Mount Everest, und sie kann nicht einsehen, dass Sten überhaupt nicht für Bergtouren gemacht ist. Tatsächlich ist er eher der Meertyp. Süße, warme Wogen sind genau sein Ding, und Mimi und ich lieben ihn dafür.

Es ist wahr, dass ein Typ, der ständig nach Babykotze riecht, nicht der männlichste aller Männer ist. Aber was will man mit so einer Testosteronschleuder? Diese Männer sind prima für Affären oder One-Night-Stands geeignet, in denen man fast den Verstand verliert. Aber ein Leben mit ihnen? Nein, danke. Dafür sind die Bedürfnisse einer modernen Frau an eine Partnerschaft inzwischen zu differenziert.

»Kannst du mir auch aufschreiben, was dir an Sten gefällt?«, frage ich. »Und beeil dich, es hört sich an, als hätte nach dem Grüffelokind auch der Stockmann fast sein Ende erreicht.«

Elsa klemmt sich den Stift zwischen die Zähne und überlegt. Es ist immer schön anzusehen, was im Gesicht der Leute geschieht, wenn sie an etwas Positives denken. Die meisten sind nicht mal halb so sehr von Widerwillen erfüllt, wie sie glauben. Nach einem kleinen Moment schiebt sie mir den Zettel wieder rüber.

Sten ist der liebevollste Mensch, den ich kenne.

Ich kann mich zu tausend Prozent auf ihn verlassen.

Ich mag, wie er riecht.

Eigentlich finde ich es süß, wenn er überall Essenreste kleben hat. Ich müsste nie hungern.

Er macht tolle Kinder und kümmert sich um sie.

Er ist lustig.

Er ist klug.

Ich liebe ihn sehr.

»Na also«, lobt Mimi. »Ich hatte schon Angst, dass dir Haare auf der Brust wachsen.«

Elsa ist jetzt viel entspannter und sieht auch so aus. Die Härte um ihren Mund hat sich ein wenig gelockert, jetzt wirkt sie nur noch müde.

Die meisten Menschen haben an Beziehungen sehr seltsame Erwartungen. Wenn ich Frauen nach ihrer Vorstellung von einem Traummann frage, sagen sie für gewöhnlich: »Er muss stark sein, erfolgreich, klug und gut aussehen. Und lustig sein muss er auch. Und treu! Treue ist mir total wichtig!« Dabei übersehen sie, dass Treue, gemeinsame Pläne etc. erst durch eine gute Beziehung entstehen und nicht etwa die Voraussetzung dafür sind, sondern das Ergebnis. In völliger Unwissenheit versuchen sich Frauen als die perfekten Partnerinnen zu präsentieren. Sie stellen also eine Illusion her. Sie sagen: »Guck, ich mache doch alles richtig, das muss jetzt aber klappen.« Die einzig richtige Herangehensweise an eine Beziehung ist aber jene, bei der man sagt: »Okay, ich habe meine Probleme, an denen ich arbeite. Und außerdem bin ich noch mit jemandem zusammen.« Andernfalls wird es immer darauf hinauslaufen, dass man den Partner für das eigene Unglück verantwortlich macht.

Als Sten aus dem Kinderzimmer kommt, reagiert Elsa sogar mit Freude. Sie rückt ihm den Stuhl zurecht und holt ihm ein frisches Glas für den Wein. Seines ist voller schokoladiger Fingerabdrücke.

Was Sie aus diesem Kapitel gelernt haben sollten

Was Beziehungen betrifft, bewegen sich Großstadtfrauen in einer Welt, die sie selbst entscheidend mitgestaltet haben. Das sollten wir nicht vergessen. Ach, und übrigens: Den starken Prinzen auf dem weißen Pferd gibt es gar nicht.

Wie daraus doch noch eine gesunde Beziehung werden kann

So krank ist sie gar nicht, aber die Parameter stimmen nicht. Jetzt ist es für uns alle an der Zeit, einen großen Entwicklungsschritt nach vorn zu machen. Alles, was wir über das Funktionieren von Ehen und Beziehungen gelernt haben, alles, was wir über Rollenbilder wissen, muss neu überdacht werden. Romantik bedeutet nicht, sich gegenseitig Rosenblätter aufs Bett zu streuen. Romantik bedeutet vor allem, sich in den positiven Eigenschaften des Partners verlieren zu lernen.

Früher dachte ich immer, es wäre das Beste für mich, wenn ich ewig Mädchen bliebe. Ich bemühte mich, hier und da einen etwas hilflosen Eindruck zu hinterlassen (zum Beispiel beim Wasserkästentragen, wenn ich nach dem Weg fragte oder geschickt kostenlose Reisemöglichkeiten auftat), trug Zöpfe und kleidete mich wie ein junges Gör. Hand in Hand damit ging eine gewisse Unreife, die zu gelegentlichen Trotzanfällen in Partnerschaftsdiskussionen und ein paar wirklich unklugen Entscheidungen führte. Ich weiß nicht, warum mir das Erwachsenwerden so eine Sorge bereitete. Vielleicht dachte ich zu viel darüber nach, dass ich körperlich ab jetzt verfallen würde, wobei man das sicher auch anders sehen kann. Im Grunde ist Altern für den Körper ja hauptsächlich eine Veränderung, und es ist nicht ganz so, als würde man bei lebendigem Leibe Fleischbrocken abwerfen wie ein Zombie. Ich nehme an, dass viele Frauen das Problem teilen, anders kann ich mir nicht erklären, wieso sich so viele Frauen das Gesicht mit Botox bis zur Ausdruckslosigkeit flachbügeln lassen. Ich sage nicht, dass ich es toll finde, dass mein Gesicht runzelt (wobei ich durch eine gewisse Aufspeckung dem bislang unheimlich clever entgegengewirkt habe) oder dass mein Haar seine Farbe verliert. Ich weiß aber, dass erwachsene Frauen interessanter sind als Mädchen und dass Frauen, die bereit sind, Verantwortung für ihr Leben zu übernehmen, bündnisfähigere Partnerinnen sind. Dass das Mädchenhafte in die Jugend gehört und anschließend die Reife kommt, ist keine Neuigkeit. Ebenso, dass Mädchen Jungs anlocken (vor allem solche, die schon sehr alt sind) und Frauen Männer. Ich kann Ihnen aber versichern, dass vernünftige Männer spüren, wenn eine Frau im Grunde unglücklich mit sich ist. Und da Sie keine anderen Männer mehr an sich heranlassen werden, ist es Zeit, das Schauspielern ein für alle Mal zu lassen.

Mit sich selbst klarzukommen kann einige Jahrzehnte

dauern. Ich finde die Reise dorthin aber eigentlich sehr schön. Kürzlich bin ich wieder über Charlie Chaplins Rede zu seinem eigenen Geburtstag gestolpert. In wenigen Zeilen sagt er darin alles, was es über das Leben zu sagen gibt, und ich finde es deshalb so besonders berührend, weil er zugibt, ein Mensch voller Fehler zu sein, dem erst im Spätherbst seines Lebens klar wird, was das alles eigentlich soll.

Selbstliebe

Als ich mich wirklich selbst zu lieben begann, konnte ich erkennen, dass emotionaler Schmerz und Leid nur eine Warnung für mich sind, nicht gegen meine eigene Wahrheit zu leben. Heute weiß ich, das nennt man »Authentisch-Sein«.

Als ich mich wirklich selbst zu lieben begann, habe ich verstanden, wie sehr es jemanden beschämt, ihm meine Wünsche aufzuzwingen, obwohl ich wusste, dass weder die Zeit reif noch der Mensch dazu bereit war, auch wenn ich selbst dieser Mensch war. Heute weiß ich, das nennt man »Selbstachtung«.

Als ich mich wirklich selbst zu lieben begann, habe ich aufgehört, mich nach einem anderen Leben zu sehnen, und konnte sehen, dass alles um mich herum eine Aufforderung zum Wachsen war. Heute weiß ich, das nennt man »Reife«.

Als ich mich wirklich selbst zu lieben begann, habe ich verstanden, dass ich immer und bei jeder Gelegenheit, zur richtigen Zeit am richtigen Ort bin und dass alles, was geschieht, richtig ist – von da an konnte ich ruhig sein. Heute weiß ich, das nennt man »Selbstachtung«.

Als ich mich wirklich selbst zu lieben begann, habe ich aufgehört, mich meiner freien Zeit zu berauben, und ich habe aufgehört, weiter grandiose Projekte für die Zukunft zu entwerfen. Heute mache ich nur das, was mir Spaß und Freude bereitet, was ich liebe und was mein Herz zum Lachen bringt, auf meine eigene Art und Weise und in meinem Tempo. Heute weiß ich, das nennt man »Ehrlichkeit«.

Als ich mich wirklich selbst zu lieben begann, habe ich mich von allem befreit, was nicht gesund für mich war, von Speisen, Menschen, Dingen, Situationen und von allem, das mich immer wieder hinunterzog, weg von mir selbst. Anfangs nannte ich das »gesunden Egoismus«, aber heute weiß ich, das ist »Selbstliebe«.

Als ich mich wirklich selbst zu lieben begann, habe ich aufgehört, immer recht haben zu wollen, so habe ich mich weniger geirrt. Heute habe ich erkannt, das nennt man »Einfach-Sein«.

Als ich mich wirklich selbst zu lieben begann, habe ich mich geweigert, weiter in der Vergangenheit zu leben und mich um meine Zukunft zu sorgen. Jetzt lebe ich nur mehr in diesem Augenblick, in dem alles stattfindet. So lebe ich heute jeden Tag und nenne es »Vollkommenheit«.

Als ich mich wirklich selbst zu lieben begann, erkannte ich, dass mich mein Denken armselig und krank machen kann. Als ich jedoch meine Herzenskräfte mobilisierte, bekam der Verstand einen wichtigen Partner – diese Verbindung nenne ich heute »Herzensweisheit«.

Wir brauchen uns nicht weiter vor Auseinandersetzungen, Konflikten und Problemen mit uns selbst und anderen zu fürchten, denn sogar Sterne knallen manchmal aufeinander, und es entstehen neue Welten. Heute weiß ich, das ist das Leben.

Frauen haben in dieser Welt immer noch ein Problem mit der Positionierung ihrer selbst. Sie kämpfen an allen Fronten, und auch, wenn sie gewinnen, fällt es ihnen schwer, sich selbst und ihren Leistungen etwas Positives abzugewinnen. Das liegt auch an dem verzerrten Bild, das starke Frauen auch heute noch begleitet. Ein bekannter Shampoohersteller hat vor Kurzem einen interessanten viralen Spot für seine Produkte auf den Philippinen geschaltet. Darin sind ein Mann und eine Frau im führenden Management zu sehen, die das Gleiche tun und doch unterschiedlich wahrgenommen werden.

Der Mann ist ein Boss, sie ist herrisch.

Der Mann ist engagiert, die Frau an gleicher Stelle eigennützig.

Der Mann ist ordentlich, sie aber eitel.

Der Mann ist geschmeidig, die Frau, die es ihm gleichtut, eine Angeberin.

Labels sind eine ziemlich miese Angelegenheit, weil sie im Unterbewussten wirken. Wie oft denken wir von einem Mann: »Himmel, der hat sich vielleicht aufgedonnert«, und wie oft denken wir das Gleiche von einer Frau? Ich erinnere nur an die beknackte und völlig aus dem Ruder geratene Sexismusdebatte um den FDP-Politiker Rainer Brüderle und Laura Himmelreich, die »Stern«-Redakteurin. Alle haben sich darüber echauffiert, dass Brüderle der Dame ein paar Komplimente zu ihrem Dekolleté gemacht und sich auch sonst nicht gerade wie ein Gentleman benommen hat. Aber war es nicht ebenso schäbig von der Journalistin, sich weit nach Dienstschluss an einen Mann heranzuaasen, von dem sie wusste, dass er dem Alkohol für gewöhnlich tüchtig zuspricht und dann kaum noch Herr seiner Sinne ist. Dass sich beide unanständig verhalten haben, wurde im Grunde nicht thematisiert. Ich will auch nicht kleinreden, dass Frauen häufig belästigt werden. Aber was ist mit dem weiblichen Sexismus? Zerknirscht muss ich zugeben, dass ich diesbezüglich – unüberlegt und in jungen Jahren – nicht unschuldig bin. Ja, ich bin eine Sexistin. Ich habe nämlich

- einmal unserem Praktikanten (vor vielen Jahren, und er war auch ein Jahr älter als ich, nicht, dass das eine Entschuldigung wäre, aber trotzdem) bei einer großen Veranstaltung mit Schmackes auf den Hintern gehauen und dabei gerufen: »Na, mein Jungelchen, endlich mal pünktlich?« Als er sich dann umdrehte, stellte ich fest, dass es gar nicht der Praktikant war, sondern Hardy Krüger jr. Es wurde dann noch ein lustiger Abend.

- einmal einem Mann auf der Straße gesagt, dass er sehr hübsche Augen hätte, die ich mir gerne mal näher ansehen würde. Er war sehr erschrocken und ist schnell weitergelaufen. Vielleicht dachte er, ich arbeite für Gunther von Hagens. Ich weiß es aber nicht genau.
- einmal einem Mann gegenüber an einer Bar Andeutungen gemacht über die Beschaffenheit seines Oberkörpers. Zwar erwähnte ich an der Stelle kein Dirndl zum Ausfüllen, aber so etwas Ähnliches.
- am Kölner Hauptbahnhof einem Mann hinterhergepfiffen. Das war ca. 1996, er hatte braune Haare und hübsche Arschbacken. Soweit ich sehen konnte.
- in Los Angeles am Strand in Mimis Richtung Bemerkungen über einen jungen Kerl gemacht. Ich sagte sinngemäß, dass Typen mit diesen Schlafzimmeraugen und diesen raffinierten kleinen Falten über der Leiste meinetwegen auch ohne Hirn geboren werden dürften, weil sie sowieso nur zum Vögeln gut seien.

Es ist nicht ganz einfach, sich als Frau zu behaupten. Eine Studie hat kürzlich herausgefunden, dass Hillary Clinton die am meisten bewunderte Frau in den USA ist. Natürlich. Frauen bewundern sie, weil sie stark und erfolgreich ist. Und die Männer bewundern sie, weil sie ihren Mann in der Gegend herumvögeln und damit durchkommen lässt.

Wer ist die meistbewunderte Frau Deutschlands? Angela Merkel. Sie hat eine Menge für Frauen getan, wenn auch häufig das Falsche. Anders als Hillary Clinton denke ich bei Angela Merkel aber nicht an Sex, sondern eher an ein Leben ohne Sex. Ich finde das schade. Es ist nicht Angelas Schuld. Aber ich finde, wirklichen Fortschritt in der politischen Welt haben wir erst erreicht, wenn eine Frau ohne Murren an der Spitze arbeitet und sich dennoch wie eine Frau gibt und nicht wie ein geschlechtsloses Neutrum. Eine Bekannte, die auf Bundesebene arbeitet, hat mir jüngst versichert, dass das gar nicht ginge. »Ich weiß nicht, was es ist«, sagte sie. »Entweder haben die Männer Angst, dass in ihnen der Trieb durchbricht, wenn sie eine Frau neben oder über sich haben, die einen schönen Rock und vielleicht hohe Schuhe trägt. Oder die Politik macht uns alle gleich, bis Männer wie Frauen nur noch teigige Körper sind, die in schlecht geschnittenen Anzügen stecken.«

Der entscheidende Unterschied zwischen Männern und Frauen (und übrigens auch die Quelle des Reizes) ist natürlich wesentlicher als Oberflächlichkeiten wie Klamotten. Dennoch scheint es biologisch unter Frauen eine gewisse Affinität zu schönen Kleidungsstücken zu geben, zu schicken Schuhen und ein wenig Schminke im Gesicht. Ich finde das nicht so verwerflich, dass man sich deshalb schämen müsste. In den USA, in Frankreich oder Italien reißen sich die Modedesigner darum, die hohen Amtsträgerinnen ausstatten zu dürfen. Dort sind die Frauen öffentliche Botschafterinnen einer Haltung, die dem eigenen Geschlecht Ehre erweist. Eine prima Sache. Dann laufen nämlich auch die Männer ordentlich herum, und das ist weniger eine Frage des Portemonnaies, sondern vielmehr der inneren Einstellung. Viele Frauen in Führungspositionen erliegen dem Irrglauben, dass es einer bestimmten Art bedarf, um sich an die Spitze heranzuarbeiten. Es bedarf aber keiner Art, sondern einer Mechanik, und diese Mechanik ist es, die eine Frau wie Angela Merkel so hölzern und durch und durch unkörperlich erscheinen lässt.

Wer einmal privat Zeit mit Angela Merkel verbracht hat, berichtet, dass sie eine überaus witzige, lebenslustige Person sei, zumindest für eine Physikerin, die auch noch mit einem Naturwissenschaftler verheiratet ist. Das wirklich Besondere an Angela Merkel aber ist, dass sie eine recht moderne Beziehung zu führen scheint, in der beide Partner ihre Lebensziele verfolgen dürfen, ohne dass der andere sich davon in irgendeiner Weise bedroht, behindert oder eingeschränkt zu fühlen scheint. Seinen Stiefel durchzuziehen an der Seite einer sehr starken Frau schafft nur ein Mann, der wahrhaft in sich ruht und sich längst von allen Labels frei gemacht hat. Damit wir uns nicht falsch verstehen: Politisch bin ich gewiss kein Fan von Dr. Merkel.

Ein gutes Beispiel dafür, wie bedroht sich Frauen von Männern fühlen, die sich als Bündnispartner anbieten, ist auch das nächste.

DER TEAM-MANN

Eines Tages ruft mich Mimi an und sagt: »Ich sitze hier mit einem Nutellaglas und einem Löffel in der Hand und lese einen Artikel über die Aufzucht von Koikarpfen. Wie Single kann ich noch sein?«

Dass Mimi Single ist, liegt unter anderem daran, dass sie nie auf mich hört und außerdem das ist, was die Amerikaner sehr schön *socially awkward*, sozial ungeschickt, nennen. Mimi hatte immer schon ein merkwürdiges Sozialverhalten, und ihre Fähigkeit, die Klappe im falschen Moment aufzureißen, hat sich in den letzten Jahren eher verschlimmert. Neulich habe ich ihr wieder ein Date mit einem wirklich netten HNO-Arzt besorgt, und das Erste, was sie zu ihm gesagt hat, war: »Ich bin sexuell viel zu frustriert, um diesen Abend nüchtern zu überstehen. Lass uns schnell ein paar Drinks bestellen.« Ich verehre sie trotzdem, was übrigens ein Zeichen wahrer Liebe ist: Man liebt jemanden nicht, obwohl er die und die Schwächen hat. Sondern man liebt ihn genau deshalb. Das ist ein himmelweiter Unterschied, und wenn Sie daran zweifeln, dann sollten Sie sich schnell ein paar elementare Fragen über Ihre Partnerschaft stellen. Übrigens werde ich häufig gefragt, wie man herausfindet, ob man wirklich gern mit jemandem zusammen sein möchte, mit ihm Pläne machen und so weiter. Die einfachste Methode ist ein Klassiker der Entscheidungshilfen: Werfen Sie eine Münze. Stellen Sie sich eine Frage, die nur mit Ja oder Nein beantwortet werden kann, und werfen Sie dann die Münze hoch in die Luft. Sind Sie mit dem Ergebnis unzufrieden, wissen Sie, was Sache ist. Sie können natürlich trotzdem noch die Karten befragen, Psychotests in Magazinen ausfüllen oder Ihre Freundinnen belästigen. Eigentlich wissen Sie ganz genau, was Sie wollen. Ihnen fehlt vielleicht nur der Mut, es auch durchzuziehen.

Dass das Date nicht gut lief, konnte ich übrigens schon an der SMS sehen, die sie mir zwischendrin schickte. »Ich fühle mich, als würde ich teleportiert. Jedes Mal, wenn ich die Augen aufmache, sehe ich irgendwas anderes. Üblicherweise den Boden.« Mimi war also total betrunken, und der HNO-Arzt meldete sich nie wieder bei mir. Ein anderes Mal brachte ich sie auf einer Party mit einem Grafiker zusammen. Nachdem sie ihn erfolgreich überredet hatte, sie nach Hause zu begleiten, sagte sie auf dem Weg nach draußen zu mir: »Sag mal, wie heißt der noch mal?« Mimis mangelnde Aufnahmefähigkeit für andere Menschen (und das meine ich nicht im physischen Sinne, da ist sie eins a) ist aber wirklich außergewöhnlich und kein Maßstab. Die meisten Menschen, die ich kenne, sind mehr oder minder fähig, Beziehungen zu führen. Vorausgesetzt, sie akzeptieren, dass sie ordentlich einen an der Marmel haben. Wenn Sie jetzt sagen, Sie möchten aber nur eine Beziehung mit jemandem führen, der geistig ganz gesund und ohne jeden Kratzer ist, kann ich nur sagen: *Bonne chance* und willkommen im ewigen Singleuniversum.

Mimi nimmt ihren Aufenthalt im Land der Singles nicht besonders krumm, weil sie eine überwältigend widerstandsfähige Person ist. Sie weiß um jeden ihrer Makel und schämt sich nicht, fast fremden Menschen zu sagen: »Natürlich tue ich etwas für meine Fitness. Ich trage beim Sex Gewichtsmanschetten an Händen und Füßen.« Jedes Mal, wenn in mir der Wunsch nach einer Optimierung meines Partners übermächtig wird, denke ich daran, wie es sein muss, mit Mimi zusammen zu sein, und das Gefühl verschwindet sofort.

»Ich habe eine tolle Sache für dich«, sage ich. »Eine Einladung für heute Abend. Wir werden viele neue Leute kennenlernen, und du wirst genügend Gelegenheit haben, andere Menschen und dich selbst zu blamieren.«

»Gib mir fünf Minuten«, sagt Mimi. »Wo muss ich hinkommen?«

In unserem Alter werden die Partys seltener, dafür gewinnen Vernissagen und Soireen stark an Bedeutung. Im Grunde ist es natürlich das Gleiche, außer dass hinterher ein Putzteam zum Aufräumen kommt und nicht die Mitbewohner verantwortlich sind. Wir stehen vor einer hell ausgeleuchteten und sehr großen Remise in Berlin-Mitte. Die Gastgeber sind, wie ich gehört habe, sehr solvente Kunsthändler und scheuen keine Kosten und Mühen, um sich neue Klientel heranzuzüchten, indem sie ihnen literweise Champagner und Häppchen eintrichtern. Der Innenhof ist mit groben Pflastersteinen ausgelegt, in den Ritzen stecken mannshohe Fackeln. Das Ganze sieht aus wie die Kulisse einer Jane-Austen-Verfilmung, kurz bevor Mr. Darcy auftaucht.

»Halleluja«, sagt Mimi, »die haben sich aber mächtig ins Zeug gelegt.«

»Guck mal«, sage ich, »deine Freunde sind auch da.« Ich zeige auf ein Galeristenpaar, das das Pech hatte, kürzlich bei einer Vernissage in einem Pulk neben Mimi zu stehen. Ziemlich schnell hatte Mimi sie in eine Diskussion über die mangelnde Sexualität der beiden verstrickt. Ich erinnere mich nur noch an das entsetzte Gesicht der Frau und folgende Sätze von Mimi: »Dann wundert mich gar nichts mehr. Du verwechselst da was. Die Position heißt 69. 96 ist was anderes. Das ist die Position von Paaren, die schon zehn Jahre zusammen sind.«

Die Remise ist schon gut gefüllt. Auch das ist etwas Positives am Älterwerden. Um cool zu wirken, darf man inzwischen weit vor Mitternacht auftauchen. Das ist natürlich alles Erfahrung. Wer zu spät kommt, den bestrafen die leeren Champagnerflaschen. Aus den Lautsprechern säuselt leise Musik, aber an einem Aufbau in der Ecke sehe ich, dass es später Livemusik geben wird. Oder, wie Mimi sagt: »Prima, endlich wieder Sex.« Mimi hat ein Herz für Musiker, sie können ihr gar nicht unbegabt oder ärmlich genug sein. »Wenigstens gibt er sich Mühe«, pflegt sie zu sagen, und das ist natürlich auch wieder wahr.

An Kunst ist enttäuschenderweise nicht viel zu sehen oder zumindest nichts, was sich mir erschließt. Was moderne Kunst angeht, bin ich ein ziemlicher Ignorant.

Die Wände sehen aus, als hätte sich jemand erst ausgiebig mit Öl bestrichen, sich dann in Staub gewälzt und anschließend versucht, sich das Ganze an der Wand wieder abzuwischen. Wahnsinnig teuer, da bin ich mir sicher.

Während ich die Wände anschaue und dabei auf Mimi warte, die gerade Getränke holt, stellen sich ein paar Leute neben mich, weil man von da, wo ich stehe, einen wahnsinnig guten Blick auf den Dreckfleck vor mir hat. »Mir gefällt die Tiefe«, sagt die Frau direkt neben mir zu niemand Bestimmtem, nicht mal zu mir. Vielleicht will sie einfach nur ein bisschen Konversation machen.

Verwirrt wende ich mich ihr zu. »Ähm«, sage ich. »Wie?«

»Na, die Tiefe«, wiederholt sie. »Findest du nicht, dass es etwas unheimlich Ausdrucksstarkes hat? Man kann die Verzweiflung praktisch spüren.« Der Mann, der neben ihr steht, fängt an zu nicken, wie einer dieser Dackel, die man sich hinten ins Auto stellen kann. »Absolut«, sagt er. »Den Schmerz so offen zu zeigen, das muss man sich erst mal trauen.«

Offenbar verpasse ich hier etwas Wesentliches. Ich strenge mich sehr an und studiere den Fleck oder das Gewische genauer. Himmel, ich weiß nicht mal, was das für eine Kunstform ist! Aber je mehr ich mich konzentriere, desto unklarer wird mir, was die beiden eigentlich meinen. Wäre diese Veranstaltung ein Rorschachtest, ich würde gnadenlos versagen. Alles, was ich sehe, ist ein Elefant. Fast so wie diese kleinen Spardosenelefanten, die man als Kind früher von freundlichen Bankangestellten bekommen hat. Dann wende ich den Kopf, weil ich ja weiß, dass man alles im Leben aus verschiedenen Blickwinkeln betrachten muss. Jetzt sieht das Ganze nicht mehr aus wie ein Elefant, sondern eher, als wäre jemand über einen Teller mit Torte darauf gestolpert und hätte dann bei dem Versuch, nicht auszurutschen, etwas Sahne verschmiert. Das fühlt sich für mich nicht nach Schmerz an, sondern nach Appetit.

»Tut mir leid«, sage ich. »Ich sehe ganz viel, aber keine Verzweiflung. Das sieht für mich eher, na ja, fröhlich aus. Für mich hat das etwas sehr Lebensbejahendes.« Ich stochere vollkommen im Dunkeln.

Die beiden sehen mich voller Mitleid, als wäre ich ein Kind, das gerade durch die Prüfung im großen Einmaleins gerasselt ist. Ganz süß, die Kleine, aber leider ein bisschen doof.

»Man muss das im Kontext mit dem Leben des Künstlers sehen«, sagt die Frau. »Wenn man als Nachfahre eines Offiziers aus dem Pinochetregime aufwächst, dann trägt man diesen Schmerz einfach in sich. Dagegen kann man gar nichts machen.«

In diesem Moment kommt Mimi zurück. In der Hand hält sie zwei Gläser mit Champagner. Ich nehme ihr eins aus der Hand und leere es in einem Zug.

»Hupps, jetzt habe ich mein Glas ausgetrunken«, sage ich. »Da muss ich mir wohl schnell ein neues holen.« Leider kommt in diesem Moment eine Servicekraft vorbei und füllt mein Glas wieder. Mimi sieht mich verwirrt an.

»Also, ich finde seine Ausdruckskraft jedenfalls ganz toll«, sagt der Mann und tätschelt seine Frau. »Die familiäre Vergangenheit eines Künstlers ist für uns gerade besonders eindrücklich. Wir sind nämlich schwanger.«

Das ist das Stichwort. Mimi guckt, als sei sie gerade vom Blitz getroffen worden. Ich könnte schwören, dass ihre Haare anfangen, abzustehen. Man kann Mimi alles sagen, aber wenn ein Mann »Wir sind schwanger« sagt, ist sie kurz davor, den Notruf zu wählen.

»Was hast du gesagt?«

»Ich sagte: ›Wir sind schwanger‹«, antwortet der Mann, im Gesicht das Strahlen eines Artisten, der hofft, gleich massenweise Applaus zu bekommen. »Wir bekommen ein Kind. Da macht man sich natürlich so seine Gedanken.«

»Toll«, sage ich und packe Mimis Arm. »Wirklich, herzlichen Glückwunsch. Und wir gehen jetzt mal weiter, es sind ja so viele Leute hier, denen wir Hallo sagen müssen.«

»Moment«, sagt Mimi. Und dann steht für einen Moment die Welt still.

Es gab schon mal einen »Wir sind schwanger«-Vorfall in der Öffentlichkeit, und ich habe ihn nicht genossen. Es gab schon mehrere im gesamten Bekanntenkreis, wenn ich ehrlich bin, und es ist immer ein bisschen, als säße der junge Anakin Skywalker (ich, das schwangere Paar) in seinem Raumtransporter direkt vor dem Todesstern, der aus einer Lücke just in diesem Moment eine ganze Ladung fliegender Kampfobjekte in den Weltraum entlässt (alle anderen). Man weiß nicht so recht, wie man in die Situation geraten ist, aber es ist klar, dass es gleich mächtig bumm macht.

Damals war es so: Wir, also Mimi und ich, waren in einer Gruppe Frauen unterwegs, unter ihnen auch eine, die gerade schwanger geworden war. Aus Sorge um sie und die gemeinsame Leibesfrucht kam irgendwann ihr Partner dazu, umschloss ihren Bauch und sagte: »Ich freue mich so, dass wir schwanger sind.« Er sagte das mit echter Verzückung, und es gab nichts dagegen zu sagen, denn offensichtlich freute er sich sehr darüber. Ich muss aber zugeben, dass auch ich mit der Ausdrucksweise so meine Probleme habe, schließlich ist nicht er schwanger, sondern sie, also wäre rein biologisch richtiger gewesen zu sagen: »Wir erwarten unser erstes Kind.« Weil ich die Leute aber gern lasse, wie sie sind, habe ich mich an dem Wir nie aufgehängt. Anders als die anderen Frauen am Tisch, die sofort ihr Zynismustäschlein auspackten und auf den Tisch auskippten. »Ach Gottchen«, sagte Vera, eine Frau, die selbst drei Kinder hat und eigentlich sehr freundlich ist. »Das ist ja putzig. Wirst du dir dann auch einen Bauch zulegen, Rückenschmerzen bekommen und demnächst unfähig sein, die Schuhe selbstständig zuzubinden? Wir. Das ist doch albern.« Dina stimmte ihr bei: »Versteh mich nicht falsch, aber Männer können gar nicht schwanger werden. Überraschung!«

Und so weiter. Es war nicht schön anzuhören, und noch weniger schön, mitanzusehen, wie der betroffene Mann von Sekunde zu Sekunde kleiner wurde, vor allem, weil er nicht wusste, wie ihm geschah. Er hatte etwas Freundliches gesagt und wurde nun dafür bestraft. Nicht mal seine Frau verstand genau, was gerade passierte, und nach einer Weile gingen sie nach Hause.

Erst später stellte sich heraus, was das eigentliche Problem war. Veras Mann war ein entschiedener »Wir sind schwanger«-Typ, für ihn bedeutete das Wir vor allem ein Bekenntnis zu ihrer Beziehung. Emanzipation, Gleichstellungsbeauftragte – nichts davon konnte irgendetwas daran ändern, dass Vera unbewusst immer noch Angst hatte, nicht als eigenständige Person wahrgenommen zu werden. Das Wir klang für sie nach Unselbstständigkeit und nach der Notwendigkeit, ihre Individualität abzugeben, damit sie als Paar funktionieren würde. Wenn ihr Mann sagte: »Wir sind schwanger«, klang das für sie, als würde sie (und ihr Körper) von jemand anderem vereinnahmt werden. Sie fand es peinlich und beschämend und wollte lieber als Frau gelten, die alles allein schaffte, sogar Kinder auf die Welt zu bringen. Dass das in krassem Gegensatz zur eigentlichen Bedeutung einer Partnerschaft stand, nämlich, dass man Dinge gemeinsam bewältigte, war ihr klar, sie mochte aber nicht weiter darüber nachdenken. Noch absurder war, dass Vera sich eigentlich genau so einen Mann gewünscht hatte, nämlich jemanden, der Dinge mit ihr teilen würde und die Last und Freuden des Lebens gemeinsam tragen mochte. In ihren Augen machte sich ihr Mann unmännlich, wenn er Dinge sagte wie »Wir sind schwanger«, er machte sich zu einem Wesen, das ebenfalls Kinder gebären konnte – also einer Frau.

Er war, das muss ich zugeben, ein harter Fall. Manchmal kaufte er Jacken von Outdoorfirmen im Partnerlook oder sagte an Grillabenden, während er fest den Arm um sie legte: »Wir sind wie eine Fußballmannschaft. Ohne sie weiß ich gar nicht, wo das Tor ist.« Er war dabei aber nicht obsessiv, sondern einfach ein Mann, der seine Frau über alles liebte und das auch zum Ausdruck bringen wollte. Eigentlich war es wunderschön, aber Vera kam mit dieser Art von Nähe überhaupt nicht klar.

»Wisst ihr, was er neulich zu mir gesagt hat?«, fragte sie uns. »Er sagte: Wir sind wie ein Zweier ohne. Allein fahren wir nur im Kreis. Was bin ich, ein verdammter Zwilling?«

»Du kannst es natürlich auch anders sehen«, sagte ich. »Du hast einen Mann, der dir all die Aufmerksamkeit zuteilwerden lässt, die sich die anderen Frauen wünschen. Und wenn dir das zu viel ist, dann solltest du ihm das liebevoll mitteilen.«

»Ja, aber wo bleibt die Romantik?«, sagte Vera. »Wenn wir wie zwei Idioten im Partnerlook rumlaufen, fühle ich mich, als hätte meine Mutter mich angezogen.«

Ich finde es immer wieder erstaunlich, dass so viele erwachsene, respektable Menschen glauben, sobald sie in Beziehungen steckten, wäre ihnen jede Entscheidungsmöglichkeit genommen. Sie glauben, dass Beziehung bedeutet, gemeinsam jede Bodenwelle mitzunehmen und zu warten, bis das Ding von selber gegen die Wand fährt. Sich in Partnerschaften gelegentlich eingeengt zu fühlen oder bedrängt oder missverstanden, ist völlig normal. Warum sollte es da anders sein, als beispielsweise in beruflichen Konstellationen? Ich kenne Leute, die den Job und teilweise sogar die Stadt wechseln mussten, weil sie es auf der Arbeit nicht geschafft haben, ihre eigenen Bedürfnisse zu formulieren. Eine Frau aus meiner Verwandtschaft hat derart ausgeklügelte Vermeidungsstrategien entwickelt, dass sie auf der Welt herumzieht wie eine Einpersonen-Heuschreckenplage. Sie nimmt einen Job in irgendeinem Land an, lässt die Konflikte unterschwellig gut aufkochen und zieht, sobald sie verbrannte Erde produziert hat, wieder um. Auf diese Weise sieht man natürlich eine Menge von der Welt. Richtig glücklich wird man dabei nicht.

Ich glaube, wir müssen uns noch einmal klarmachen, was Frauen heutzutage von Männern erwarten. Sie sollen stark sein, beschützend, aber auch sanft und verständnisvoll. Sie sollen sich zu ihrer Frau und der Familie bekennen und dennoch abenteuerlustige Individualisten bleiben. Sie sollen Versorger sein und sich hingebungsvoll mit den Kindern beschäftigen. Und dabei am besten ein lustiges Liedchen trällern, während sie ihren Sixpack stählen. Ganz ehrlich: Mir tun die Männer leid. Sie können nur scheitern.

Die Ungerechtigkeiten, mit denen Männer heute in der Geschlechterdebatte konfrontiert sind, ziehen sich bis in universitäre Ebenen. Es gibt massenweise Lehrstühle für Frauen- und Genderforschung, aber beschäftigt sich jemand mit dem Mann an sich? Fehlanzeige. Dass Männer inzwischen von großen Ängsten belastet sind, zeigt sich auch in den Suizidraten. Gut drei Viertel aller Selbstmörder sind männlichen Geschlechts, und ich glaube nicht, dass das so ist, weil Männer sich prinzipiell wohlfühlen in ihrer Rolle und sie einfach nur keine Lust mehr haben, sich anzustrengen. Bei den jugendlichen Selbstmördern sind es sogar sechsundachtzig Prozent. Weibliches Scheitern ist in der Gesellschaft wesentlich akzeptierter als männliches (»Kein Wunder, dass sie keine Arbeit hat. Sie hat ja die Kinder, da ist man schnell überfordert«). Wenn ein Mann versagt, wird ihm jeder Anspruch auf seine Geschlechtszugehörigkeit abgesprochen. Er ist ein Schlaffi, ein Weichei, ein Schlappschwanz, der es einfach nicht auf die Reihe kriegt. So eine Pfeife.

Im Grunde befinden wir uns in einer Zeit, in der keiner den anderen wahrhaftig akzeptiert. Natürlich gibt es Ausnahmen. Aber werden wir jemals eine Frau in Führungsposition erleben, die voller Stolz sagt: »Das ist übrigens mein Mann, er ist Tagesvater und betreut derzeit sechs Kleinkinder. Sie müssen mal sein Gulasch probieren, das ist wirklich der Wahnsinn.« Ich weiß es nicht. Frauen wünschen sich einen Partner auf Augenhöhe, aber seit die Frauen in Massen nach oben streben und die Männer sich vor Schreck kaum noch bewegen, wird die Luft da oben dünn. In den USA ist sogenanntes *down dating* wieder in. Um nicht zu vereinsamen, sind erfolgreiche Frauen bereit, sich mit einem Mann unterhalb ihres sozialen Status zusammenzutun, wobei auch hier der Mann wieder in eine Rolle gedrückt wird, die ihm ausschließliche Funktionalität zukommen lässt. Eine amerikanische Bekannte sagte mir einmal: »Er sieht gut aus, und er ist gütig. Ich lasse mir von ihm ein, zwei Kinder machen, und für den Rest hole ich mir einen Liebhaber.« Merken Sie was?

Um zu Vera zurückzukommen: Sie hat es geschafft, ihrem Mann ihre Abneigung gegen Partnerlooks und Fußballallegorien mitzuteilen. Er zeigte sich verdutzt, aber verständnisvoll. Erst kürzlich habe ich sie gemeinsam bei einem Spaziergang getroffen. Sie trugen beide Outdoorjacken der gleichen Firma in genau dem gleichen Farbton. »Ich weiß, ich weiß«, sagte Vera. »Aber er hat mir gesagt, dass er so auf mir sein Revier markiert. Und das ist doch eigentlich ganz süß. Er ist ganz bestimmt kein Freak oder so, falls du dir da Sorgen machst.«

Was Mimi betrifft, so schaffe ich es, ihre Zähne aus dem Genick des armen »Wir sind schwanger«-Paares zu lösen. Sie ist zwar unbelehrbar, aber zum Glück anfällig für kostenlosen Champagner. Später schiebe ich sie rüber zu einer anderen Gruppe, wo ich später im Vorbeigehen den Satz höre: »Er ist so superniedlich. Ich fühle mich, als würde ich Elmo knuddeln. Wenn Elmo einen Einundzwanzig-Zentimeter-Schwanz hätte.« Ich hoffe, sie meint nicht den Gastgeber.

Was Sie aus diesem Kapitel gelernt haben sollten

Sharing is caring, wie der Brite sagt. Wer sich kümmert, und sei es auf noch so ungelenke Weise, will vermutlich einfach alles mit Ihnen teilen. Das bedeutet natürlich nicht, dass Sie Ihr Unwohlsein über zu viel Gemeinsamkeit nicht zum Ausdruck bringen dürfen. Manche Menschen wollen aus einer inneren Unsicherheit heraus gern ein Team bilden. In dem Fall ist es ratsam, dass der andere sich professionelle Hilfe sucht. Denn wenn Sie fortan mit Aufklebern und Annähern herumlaufen müssen wie Axel Schulz, auf denen »Das gehört alles Daddy« steht, können Sie sich im Grunde schon aus der Beziehung verabschieden. Das klingt dann eher nach Stalking. Was Stalking ist? Stalking ist, wenn zwei auf einen romantischen Spaziergang gehen, aber nur einer weiß davon.

Wie daraus doch noch eine gesunde Beziehung wird

Ruhig Blut. Zu viel Wir ist nicht gut, zu wenig aber auch nicht. Treten Sie einen Schritt zurück und betrachten Sie das Gesamtpaket. Wahrscheinlich will er Ihnen nur das geben, wovon Frauen in Filmen und Büchern schwärmen: Einen Mann, der sich wirklich um Sie kümmert. Haben Sie das nicht immer gewollt?

Vor Kurzem habe ich eine App gefunden, die Menschen zusammenführen soll. Ich werde den Namen nicht nennen, weil ich sie entsetzlich finde und sie so ziemlich gegen alles arbeitet, was ich versuche zu retten. Während ich mir wünschen würde, dass die Menschen sich wieder aufrichtig und tief miteinander beschäftigen, verkürzt diese App das Kennenlernen anderer Partner auf bloßen Konsum. Das Prinzip ist denkbar einfach. Dem geneigten Kunden werden andere User per Foto angeboten, die man dann mit der wischenden Bewegung auf der Smartphone-Oberfläche verwerfen oder eben speichern kann, je nach Gefallen. Wer eifrig ist, kann sich in einer Viertelstunde durch Dutzende von Kandidaten wischen, man muss nicht einmal richtig hinsehen. Braune Haare gut, rot auch, blond nee, dicke Titten hurra, Vollbart juchhei. Ein oberflächlicheres Verfahren mit dem menschlichen Bedürfnis nach Bindung habe ich nie erlebt, und irgendwie macht es mich traurig. Vielleicht bin ich aber auch nur zu alt für diesen Scheiß.

Mir geht die zunehmende Verrohung der Leute ordentlich gegen den Strich. Was kann so verdammt schwer daran sein, anderen eine Gefälligkeit zu erweisen? Wenn eine ältere Frau vor mir ächzend die Treppen an der Bahnstation hochsteigt, trage ich natürlich ihre Taschen hoch. Wenn jemand hinter mir auch aus dem Haus gehen will, halte ich selbstverständlich die Tür auf, sogar bis zu dem Punkt, an dem es peinlich wird. Wenn jemand stürzt, helfe ich ihm auf, wenn jemand weint, schenke ich ihm Schokolade, und wenn mein Freund hemmungslosen Sex haben will, dann sage ich: Au ja!

Höfliche Umgangsformen mögen einem banal und überflüssig vorkommen, aber sie sorgen für ein Klima, in dem sich Menschen gerne bewegen und in dem sie entspannt sind. Ich plädiere darum für eine Rückkehr zu alten Datingformen, und Sie werden sehen, dass Sie sich besser damit fühlen werden.

- Wenn Sie sich mit jemandem treffen und denjenigen beispielsweise mit dem Taxi abholen, dann schreiben Sie nicht einfach eine SMS mit dem Inhalt »Bin da«. Steigen Sie stattdessen aus, gehen Sie zur Tür und klingeln Sie. Das dauert vielleicht dreißig Sekunden länger, macht aber einen riesigen Unterschied. Außerdem kann man sich im Stehen besser umarmen als im Sitzen.
- Ziehen Sie sich für Verabredungen schön an.

Wenn Karl Lagerfeld sagt: »Menschen, die Jogginghosen tragen, haben die Kontrolle über ihr Leben verloren«, dann klingt das snobistisch. Aber im Grunde hat er recht. Sie sollten sich selbst gut genug sein, stets das Beste aus sich herauszuholen. Nicht unbedingt für einen anderen, sondern für sich selbst.

- Bringen Sie kleine Geschenke mit. Machen Sie überhaupt kleine Geschenke. Es geht darum, dem anderen zu zeigen, dass Sie an ihn denken und schätzen, was er mag. Rechnen Sie Geschenke aber niemals gegeneinander auf, und fordern Sie sie im Falle einer Trennung niemals zurück. Das ist doof und kleinlich.

- Tanzen Sie, aber richtig. Tanzen scheint heute für viele zu bedeuten, Sexübungen im Trockenen zu machen und sich aneinander zu rubbeln, sodass sich sogar Miley Cyrus beschämt abwenden würde. Der Grund, warum sich Tänze über Jahrhunderte größter Beliebtheit erfreuen, ist der, dass in jedem Tanz der Zauber der Verführung steckt. Machen Sie diesen Zauber nicht durch affiges Aneinandergereibe zunichte. Erst wird getanzt, dann wird gevögelt. Übrigens sind auch klassische Paartänze wieder hip. Denken Sie an die Argentinier!

- Eine Verabredung ist eine Verabredung. Gemeinsam abhängen ist etwas anderes. Lassen Sie also Ihr verdammtes Smartphone zu Hause. Checken Sie nicht Ihre Mails, und sagen Sie nicht nach jedem zweiten Satz: »Das habe ich gerade irgendwo gelesen. Warte, ich zeig's dir.« Bitte!

- Schreiben Sie handgeschriebene Briefe, keine E-Mails. (Das gilt besonders für Männer!) Kein Mensch erinnert sich nach Jahren an diese besonders liebevoll formulierte E-Mail, aber jeder erinnert sich an einen schönen Brief oder ein kleines, eng beschriebenes Zettelchen. Das kann auch ein Gedicht sein oder irgendwas Gebasteltes. Selbst wenn es aussieht wie dieses Kastanienmännchen, das Sie damals in der zweiten Klasse gemacht haben. Schaffen Sie etwas, das in der Erinnerung einen warmen Fleck hinterlässt.

- Um Erlaubnis fragen ist ein so klassisches Konzept, dass es fast in Vergessenheit geraten ist. »Darf ich dich anrufen?« klingt ganz anders als »Hey, ich ruf dann durch«. Es bedeutet auch nicht, dass man sich klein macht. Gerade in sexuellen Dingen wäre es schön, wenn wieder mehr um Erlaubnis gefragt würde. Bloß weil Löcher da sind, heißt es nicht, dass man einfach Sachen hineinstecken darf.

- Und wie wäre es, wenn Sie einfach mal davon ausgehen, dass Sex bei den ersten Dates einfach nicht infrage kommt? Stellen Sie sich vor, Sie hätten einen Bewerber, der Sie tatsächlich erst einmal davon überzeugen muss, dass er das nötige Format besitzt, um es wert zu sein. Sie sind hier, um einander kennenzulernen, und zwar ganz in Ruhe. Denken Sie nicht die ganze Zeit: »Ohgottogott, jetzt essen wir schon zum zweiten Mal miteinander, heute wird endlich gevögelt!« Diese Gedanken werden Sie nämlich ablenken und Ihren Blick trüben. Vielleicht ist er einfach nur ein Vollidiot, der Sie weichquatschen will? Sehen Sie genau hin. Sex haben können Sie natürlich trotzdem. Aber Ihre innere Haltung wird eine andere sein.

Im Vergleich zum Führen einer Beziehung ist Dating eigentlich ein Klacks. Wenn man die Grundregeln beherrscht, läuft das Pferdchen von selbst in den Stall. Die Grundregeln sind, noch einmal zur Erinnerung:

- Nicht anrufen. Besser anrufen lassen.
- Auf SMS, WhatsApp und sonstige Nachrichten zeitverzögert antworten. Mindestens zwei Stunden verstreichen lassen. Sie sind beschäftigt!
- Nicht ins Faseln kommen, nicht betrunken Nachrichten schreiben, kurz und knackig bleiben. Sie sind beschäftigt!
- Nicht betteln, nicht jammern, nicht fragen: »Wo siehst du uns in zehn Jahren?« Schon gar nicht nach dem zweiten Date.
- Keine Probleme wälzen. Für Problemlösung ist die Beziehung da.
- Die Verabredung immer als Erste beenden.

Beachtet eine Frau diese Vorgaben, kann im Grunde nichts schiefgehen. Ich weiß, dass das sauschwer ist. Viele Frauen retten sich in Gedankenspiele. »Bei mir ist es sicher anders«, denken sie, obwohl der andere ständig versichert, dass er homosexuell/beziehungsgestört/einfach nicht interessiert ist. Ich kenne sogar Frauen, die den simplen, aussagekräftigen Satz »Du, eigentlich will ich nur Sex« dahingehend uminterpretieren, dass er eigentlich meint: »Du, ich will Sex, aber im Grunde will ich eine Beziehung. Ich traue mich nur nicht.« Anschließend schreiben sie mir oder rufen an und sagen: »Aber er hat mich die ganze Zeit so süß angesehen. Ich wusste einfach, dass er in Wirklichkeit genau das Gegenteil meinte.«

Die schlechte Nachricht: Männer denken nicht so. Wenn sie sagen: »Ich will nur Sex«, dann heißt es genau das. Und das Verrückte ist schließlich, dass niemand, also auch nicht Sie, Gedanken lesen kann. Verschwenden Sie bitte, bitte Ihre wertvolle Lebenszeit nicht damit, Dinge in einen Menschen hineinzulesen, der Ihnen von Anfang an klipp und klar gesagt hat, was er will.

Was wollen Menschen? Nun, Menschen wollen sehr häufig das, was ihnen vorgelebt wurde. Hat zum Beispiel ein Mann in seiner Kindheit eine harmonische, glückliche Beziehung zwischen seinen Eltern erlebt, wird er genau danach streben. Kein Mensch auf der Welt wird sagen: »Pfui, meine Alten sind so glücklich miteinander, das ist richtig eklig. Die machen immer noch gemeinsame Pläne und haben sogar noch Sex! So einen Albtraum mag ich mir gar nicht vorstellen!« Stattdessen wird besagter Mensch vermutlich zeit seines Lebens danach streben, auch für sich den bekannten Zustand einer glücklichen Beziehung herzustellen.

Hat ein Mensch hingegen nur unsichere Beziehungen erlebt, etwa mit einer alleinerziehenden Mutter mit wechselnden Partnern, so wird er vermutlich danach streben, Sicherheit herzustellen. Die Chancen stehen aber gut, dass ihm die Werkzeuge dazu fehlen, weil er sie schlicht nicht mitbekommen hat, und das ganze Unterfangen auch mit sehr viel gutem Willen zu einem harten Stück Arbeit wird. Das muss Sie nicht abschrecken. Aber schauen Sie sich Ihre eigene und die Elternbeziehung Ihres Partners an, dann wissen Sie ziemlich genau, was auf Sie zukommt. Achten Sie auch darauf, ob derjenige viele Geschwister hatte oder keine. Hatte er viele männliche Vorbilder oder keines? Ein Mann, der ohne männliches Leitbild aufgewachsen ist, wird sich in seiner Männlichkeit mit großer Wahrscheinlichkeit zeitlebens unsicher fühlen.

Die perfekte Beziehung

Gibt es die perfekte Beziehung? Ich bin geneigt zu sagen, ja. Aber es gibt sie ungefähr so selten wie Perlen in Supermarktaustern. Die ideale Konstellation zwischen zwei Menschen hat nichts mit Kismet zu tun, nichts mit göttlichem Schicksal und ganz gewiss nichts mit Sternzeichen. Sie hat damit zu tun, dass sich Leute finden, die so viel innere Sicherheit besitzen, dass es ihnen gelingt, die

Makel und Kerben des anderen und die Widrigkeiten des Lebens nicht als Angriff auf die eigene Persönlichkeit oder den privaten Freiraum zu sehen. Erinnern Sie sich noch an das Bild von der Besteigung des Mount Everest? Diese Menschen haben für ihren Partner immer noch einen Extra-Energieriegel in den Taschen, immer noch einen zusätzlichen Karabiner im Rucksack, um das Gelingen des Unternehmens zu sichern.

Die Chance ist aber groß, dass Sie nicht zu diesen Menschen gehören. Früher, als ich ein Teenager war, lebte ich in der festen Überzeugung, ich sei die einzige Person in meiner Umgebung, die ernsthafte persönliche Sorgen hätte. Erst später wurde mir klar, dass beispielsweise meine Schulfreundin Karla viel schlimmer dran war. Deren Eltern waren immer adrett gekleidet und kamen pünktlich zu allen Terminen, sprachen aber zu Hause kein Wort miteinander. Es gibt eine einfache Formel, die auf fast alle Familien zutrifft. Wenn es zu gut aussieht, um wahr zu sein, dann ist es das vermutlich auch.

Verletzungen mit sich herumzutragen ist keine Schande. Sehen Sie sich als Krieger, ganz ohne Narben werden Sie keinen Büffel erlegen können. Aber es ist Ihre Pflicht, dafür zu sorgen, dass diese Narben Sie nicht zur Bewegungsunfähigkeit versteifen lassen. Anders gesagt: Cremen Sie sich ordentlich ein und genießen Sie!

»Du kennst doch Lexi«, sage ich zu Mimi eines Abends. »Meine Freundin aus dem Studium?«

»Ja, klar«, sagt Mimi. »Das ist die Hollywoodmaus.« Damit meint Mimi, dass Lexi seit Jahren die Art Beziehung führt, vor der ich in romantischen Stunden seufzend stehe und denke: Ach, genau so eine Beziehung hätte ich auch gerne.

»Richtig. Und jetzt stell dir mal vor, du hättest so eine Beziehung. Mit einem Mann, den du auch nach Jahren noch sexuell attraktiv findest, der dich anbetet, genau den Job macht, den er sich immer vorgestellt hat, dich in allem unterstützt und sich vor allem in Diskussionen nicht daran stört, dass du ständig rufst: ›Ich beurteile mich nie, dafür habe ich dich.‹«

»Pff«, macht Mimi. Manchmal reicht ihre Phantasie einfach nicht weit genug.

Lexi hat Mischa bei einem Jobtermin kennengelernt. Sie mussten beide ihre Bücher vorstellen, und für Lexi fühlte es sich nach ungefähr dem zweiten Satz an, als hätte sie der Donnerschlag getroffen. Für Mischa war es genauso. Das Dumme war nur, dass Lexi kurz vor der Hochzeit mit ihrem Freund Ralf stand, den sie zwar liebte, aber für den sie in Wahrheit nicht mehr als Freundschaft empfand. Die Hochzeit war sein Wunsch gewesen, und sie hatte zugestimmt, weil sie davon ausging, dass die Beziehung zu Ralf wenn auch nicht ewig, so doch ziemlich lange halten würde. Wenn wir ganz ehrlich sind, wusste Lexi schon lange, dass die Beziehung zu Ralf ziemlicher Murks war, aber es brach ihr das Herz, daran zu denken, Ralf auch nur ein Haar zu krümmen.

Nach dem Termin mit Mischa fuhr Lexi beunruhigt nach Hause. Ihr Herz schlug bis zum Hals. Ständig musste sie daran denken, wie seine Lippen ihr Ohrläppchen gestreift hatten, als er sie zum Abschied auf die Wange küsste. Was hatte er gesagt, bevor er ihr seine Karte in die

Hand gedrückt hatte? »Ich hoffe, wir sehen uns sehr bald wieder.« Natürlich waren die Hochzeitsvorbereitungen in vollem Gange. Hotelzimmer mussten gebucht, das Essen vorgekostet, die Torte bestellt und die Blumen ausgesucht werden. Zwischendrin schrieb sie sich kleine Nachrichten mit Mischa, der ihr seine Sehnsucht unverblümt mitteilte. Schließlich, in der Nacht vor der Trauung, die Nachricht: »Bitte heirate nicht. Ich bin doch dein Mann.« Als sie den Text wieder und wieder las, zitterten Lexis Finger, und Tränen rannen über ihre Wangen. Draußen auf dem Flur hörte sie das Geplapper ihrer kleinen Cousins und die aufgeregte Stimme ihrer Mutter. Was sollte sie tun? Alles abblasen für einen Mann, den sie kaum, ja, eigentlich gar nicht kannte? Das wäre zu verrückt! Kurz vor Mitternacht rief sie mich an: »Du, ich habe solche Angst. Ich glaube, ich kann das nicht.« Ich Trottel wusste ja von nichts. Darum beruhigte ich sie: »Keine Sorge, das ist nur die typische Last-minute-Panik einer Braut. Du wirst sehen, morgen Mittag fühlst du dich wie neu.«

Als Lexi am nächsten Morgen von ihrem Vater durch die Kirche zum Altar geführt wurde, zitterten die Pailetten an ihrem Kleid so sehr, dass es sich anhörte, als würden Dutzende sehr kleiner Hände Papier zerknüllen. Als sie so raschelnd an mir vorbeiging, dachte ich noch, dass Lexi sehr angespannt aussah. In ihrem Gesicht war ein panischer Zug und nichts von dem entrückten Lächeln zu sehen, das ich sonst von Bräuten kannte.

Das Fest war ganz schön, und als das Brautpaar kurz vor Mitternacht in Richtung Flitterwochen abfuhr, hatte ich ihren sorgenvollen Anruf vom Vortag längst vergessen. Erst zwei Wochen später erinnerte ich mich wieder daran. Auf meinem Handy war eine neue Nachricht, von Lexi. »Hey«, sagte sie, »wir sind wieder zurück. Die Flitterwochen waren sehr schön und intensiv. Und Ralf und ich haben uns entschieden, uns zu trennen.« Moment mal. Ich hörte die Nachricht noch einmal ab. Ich forschte nach Untertönen von Ironie oder irgendeinem Witz, der mir entgangen war. Aber da war nichts. Es dauerte Tage, bis ich sie endlich erreichte.

»Es war so«, sagte sie. »Ich habe Ralf von Mischa erzählt und was er in mir ausgelöst hat. Und dass ich bereit sei, das alles zu vergessen, aber dass ich es ihm sagen musste. Und dann sagte Ralf, das sei okay für ihn. Aber er möchte, dass ich Mischa noch einmal treffe. Um es abzuschließen. Also habe ich das gemacht.« Sie erzählte noch stundenlang weiter. Wie Mischa sie in die Arme genommen und sie sich auf seltsame Art zu Hause gefühlt habe. Dass sie miteinander geschlafen hatten und sich nicht mehr lösen konnten und dass sie keinen Zweifel habe, dass Mischa der Mann ihres Lebens sei.

Nach ein paar tränenreichen Tagen sagte Ralf schließlich: »Ich will nicht für jemanden nur gut genug sein. Ich habe Besseres verdient. Und du auch.« Sie schickten die Hochzeitsgeschenke mit einer kurzen Erklärung zurück und ließen die Ehe annullieren.

Lexi und auch Ralf brauchten Jahre, um sich von der Geschichte zu erholen. Lexi, weil sie entsetzliche Gewissensbisse quälten. Ralf, weil sein ganzer Lebensplan zerstört war. Was Lexi und Mischa betrifft, so scheinen sie tatsächlich glücklich zu sein bis ans Ende ihrer Tage. Sie haben zwei Kinder bekommen, wohnen in einem gemütlichen Haus und verbringen immer noch gerne Zeit miteinander. Das ist jetzt fünfzehn Jahre her. Wenn ich mit Lexi telefoniere, sagt sie: »Jetzt ist Mischa schon wieder drei Tage unterwegs. Und ich bin jetzt schon so scharf auf ihn, dass ich es kaum aushalte, bis er endlich wiederkommt.«

»Pah, Romanzen«, sagt Mimi. »Du weißt doch, ich stehe mehr auf Thriller.«

Lieber Mitgift als gar keinen Spaß!

Rebecca Niazi-Shahabi

Zweimal lebenslänglich

Von einer, die auszog, das Heiraten zu lernen

Piper Taschenbuch, 208 Seiten
€ 9,99 [D], € 10,30 [A], sFr 14,90*
ISBN 978-3-492-30416-0

Heiraten spießig zu finden ist auch nicht sonderlich originell, denkt Rebecca und nimmt den Antrag ihres Freundes an. Doch mit dem Ja-Wort stellen sich dem Paar plötzlich Tausende Fragen: Wie vermeidet man die schlimmsten Hochzeitssongs? Was bedeutet uns die Ehe heute eigentlich noch – und warum tragen Standesbeamte immer Motivkrawatten? Aus erster Hand berichtet diese Braut von ihrer nicht immer ganz schmerzfreien Mission: der coolsten Hochzeit der Welt.

PIPER

Leseproben, E-Books und mehr unter www.piper.de